Bruno Paul Matumbi

Manutenção da paz através do Tribunal: O TPI e o Conselho de Segurança da ONU

Bruno Paul Matumbi

Manutenção da paz através do Tribunal: O TPI e o Conselho de Segurança da ONU

Uma análise crítica do Tribunal Penal Internacional como instrumento de manutenção da paz sob os auspícios do Conselho de Segurança da ONU

ScienciaScripts

Cover image: www.ingimage.com

This book is a translation from the original published under ISBN 978-3-659-89922-5.

Publisher:
Sciencia Scripts
is a trademark of
Dodo Books Indian Ocean Ltd. and OmniScriptum S.R.L publishing group

120 High Road, East Finchley, London, N2 9ED, United Kingdom
Str. Armeneasca 28/1, office 1, Chisinau MD-2012, Republic of Moldova, Europe
Managing Directors: Ieva Konstantinova, Victoria Ursu
info@omniscriptum.com

Printed at: see last page
ISBN: 978-620-8-59204-2

Conteúdo

Dedicação

Aos meus pais,

Ruth e Paul Matumbi.

Gosto muito de ti.

Lista de abreviaturas

GA	General Assembly
ICC	International Criminal Court
ICTR	International Criminal Tribunal for Rwanda
ICTY	International Criminal Tribunal for theFormer Yugoslavia
UNSC	United Nations Security Council
UN	United Nations
IMT	International Military Tribunal for the Prosecution of Major War Criminals

CAPÍTULO 1:

1.0 Introdução ao problema de investigação

1.1. Antecedentes do estudo :

Nos termos do Capítulo VII da Carta das Nações Unidas (Carta das Nações Unidas), o Conselho de Segurança das Nações Unidas (CSNU) está mandatado para tomar medidas para manter a paz internacional. Para cumprir este mandato, o CSNU pode recorrer a medidas violentas ou pacíficas. O recurso a uma instituição judicial é uma das medidas pacíficas disponíveis, e o Tribunal Penal Internacional (TPI) é um exemplo recente. [1]O TPI foi ligado ao sistema das Nações Unidas e, para o efeito, o CSNU tem o poder de remeter situações que ameacem o tecido da paz internacional para o Procurador do TPI para investigação e eventual ação penal. [2]O CSNU tem igualmente poderes para adiar a abertura ou o andamento de processos e investigações no TPI. No entanto, estes mandatos são armas de dois gumes. [34]Ao abrigo do regime de remessa, o TPI beneficia dos mecanismos de aplicação do Conselho de Segurança da ONU e adquire jurisdição sobre situações que normalmente não trataria. O regime de adiamento, por seu lado, permite ao Conselho de Segurança da ONU suspender investigações ou acções penais em nome da paz ou de outras soluções locais. [56]No mesmo espírito, a comunidade de Estados em Roma pretendia criar um tribunal legítimo, "justo e equitativo", "eficaz" e "imparcial". [789]"independente" e "livre

---

[1] Estatuto de Roma, Artigo 13 (b).
[2] Ibid, artigo 16.
[3] Sir Franklin Berman, 279.
[4] Estatuto de Roma, Artigo 12. O TPI tem jurisdição sobre os Estados Partes no Estatuto de Roma e sobre os Estados não Partes que façam uma declaração para o efeito. O recurso ao CSNU alarga a jurisdição aos Estados que não são membros do Estatuto de Roma.
[5] J.Prlic (Bósnia-Herzegovina), Ver http://www.un.org/icc/pressrel/lrom15.htm.
[6] W. Sadi (Jordânia), J. Prlic (Bósnia-Herzegovina), D. Opertii Badan (Uruguai), M. Al Badri (Iémen), F. Jensen (Dinamarca), C. Argius (Malta), M. Cleopas (Chipre), V. Kirabokyamaria (Uganda), Ver http://www.un.org/icc/pressrel/lrom15.htm.
[7] J. Doneval (Haiti), D. Opertii Badan (Uruguai), ver http://www. un.org/icc/pressrel/lrom 15. htm.

de interferências políticas" . Estes valores são ameaçados pela relação entre o Conselho de Segurança da ONU e a Comissão Interamericana de Direitos Humanos. Um recurso é um pedido e uma ordem ao tribunal para dar início a um processo. O regime de remessa tem o efeito de bloquear a abertura ou o andamento de investigações e processos no TPI. O objetivo do presente documento é analisar de forma crítica as vantagens e desvantagens da utilização do TPI pelo Conselho de Segurança das Nações Unidas como instrumento de manutenção da paz internacional. A natureza da relação entre o TPI e o Conselho de Segurança das Nações Unidas, tendo em conta o poder deste último para influenciar o trabalho do Tribunal, está, por conseguinte, no centro deste discurso. Serão apresentadas sugestões para a introdução de um "sistema de pedido/moção" nos actuais regimes de remessa/referência. A opinião defendida é que o sistema de pedido/moção dará ao TPI uma maior margem de manobra. Facilitará igualmente a avaliação correta pelo TPI da sequência da justiça e da paz. Será também sugerida a criação de uma regra *de reserva de jurisdição*, que livrará o Tribunal de qualquer aparência de politização.

1.2. A questão central

A principal questão que o estudo pretende analisar e examinar é **se a utilização do TPI pelo CSNU como instrumento de manutenção da paz ao abrigo do Capítulo VII da Carta das Nações Unidas é adequada e satisfatória.** Esta questão é dividida em vários subtítulos, nomeadamente;

- Será que o Tribunal corre o risco de perder a sua legitimidade e independência ao tornar-se semelhante ao Conselho de Segurança das Nações Unidas enquanto instrumento de manutenção da paz, uma vez que o Conselho de Segurança é um órgão político?

---

[8] A. De Abreu (Angola), T. Sinunguruza (Burundi), P. Nze (Congo), V. Kirabokyamaria (Uganda), M. Al Badri (Iémen), W. Sadi (Jordânia), C. Larrea (Equador), Y. Al Admi (Iraque), *ibid.*
[9] C. Larrea (Equador), C. Argius (Malta), Ver *http://www.un.org/icc/pressrel/lrom15.htm.*

- A atual natureza da relação não levará desnecessariamente o TPI a intervir em situações em que uma solução judicial não é adequada, esbatendo assim a sequência paz-justiça?
- Até que ponto o atual regime é passível de abusos, dado que o Conselho de Segurança da ONU raramente, ou nunca, pode recorrer à opção do TPI para manter a paz contra um dos seus membros?
- O atual sistema de referência e de deferência priva o tribunal de uma margem de manobra suficiente para exercer o seu poder discricionário enquanto órgão jurisdicional?
- A introdução de um sistema de "pedido/movimento" no atual "regime de remessa/referência" melhoraria as relações entre o CSNU e o TPI?
- Por último, será que o estabelecimento de uma regra de *reserva de jurisdição* contribuiria para melhorar a imagem do Tribunal como um órgão judicial imparcial?

1.3. Importância do estudo

Este estudo tem interesse principalmente porque procura mapear, avaliar e criticar um desafio importante para o TPI - a sua disponibilidade para o Conselho de Segurança da ONU, um órgão político por natureza. A implicação do estudo será a sua sugestão de que o problema seja abordado de uma forma abrangente. O estudo terá em conta os actuais desenvolvimentos relevantes para o domínio, como ilustrado pela situação no Sudão/Darfur e pelo conflito israelo-palestiniano em Gaza. O estudo tem igualmente por objetivo questionar o efeito da política no TPI, que é um órgão judicial. O estudo analisará igualmente o TPI como um órgão que se pretende disponível para todos na cena internacional, mas que está ameaçado pelos potenciais abusos do Conselho de Segurança da ONU e pela provável incompreensão dos Estados que não estão plenamente representados no Conselho de Segurança da ONU. Uma vez que o tema da reflexão está estreitamente ligado à atual situação africana no Sudão/Darfur, onde foram feitas alegações de genocídio e de crimes contra a humanidade, o estudo não tem apenas um âmbito académico.

1.4. Revisão da literatura

A relação entre o Conselho de Segurança das Nações Unidas e o Tribunal Penal Internacional tem sido analisada sob diferentes ângulos. [10][11]As opiniões dividiram-se entre os que apoiam o papel do Conselho à luz das suas responsabilidades nos termos da Carta das Nações Unidas e os que receiam a politização do sistema judicial e argumentam que esta relação "é contrária à própria ideia de um sistema judicial independente que decide sobre a responsabilidade penal". [12][13]Outros viram-na como uma manifestação das tendências neocolonialistas das potências ocidentais e salientaram que, na prática, nunca poderiam ser instaurados processos contra os membros permanentes do Conselho ou os seus aliados devido ao poder de veto.

---

[10] Lionel Yee *'The International Criminal Court and the Security Council: Articles 13 (b) and 16'* 144,143-152 in Lee, R. S. (ed) The International Criminal Court-The Making of the Rome StatuteIssues, Negotiations, Results The Hague: Kluwer Law International. Ver também Werle, Principles of International Criminal Law, 22, nota marginal 65.

[11] George P. Fletcher e Jens David Ohlin *"The ICC-Two Courts in One?* Journal of International Criminal Justice 4 (2006) 428-433. Ver também Werle, Principles of International Criminal Law, 21, nota marginal 61.

[12] Os delegados da cimeira da União Africana na Líbia adoptaram uma resolução para pôr termo à cooperação com o TPI na sequência da acusação do Presidente sudanês Omar Hassan al-Bashir por crimes cometidos no Darfur. Os líderes da UA afirmaram que o TPI representava uma forma de intervenção neocolonial nos assuntos africanos que acabaria por ameaçar a paz e a estabilidade no continente. Ver Phil Clark "Can Africa trust international justice?", acedido em 16 de outubro de 2009 em http://www.guardian.co.uk/commentisfree/2009/jul/16/charles-taylor-hague-icc.

[13] Lionel Yee '*The International Criminal Court and the Security Council: Articles 13 (b) and 16'*144,143-152 in Lee, R. S. (ed) The International Criminal Court-The Making of the Rome Statute-Issues, Negotiations, Results The Hague: Kluwer Law International.

Consequentemente, a relação não é favorável ao Estado africano, mas funciona contra ele. O Conselho de Segurança das Nações Unidas deu recentemente vida a esta relação ao remeter Darfur para o Procurador do TPI. O mandado de captura emitido contra o atual Presidente sudanês, Al Bashir, provocou protestos de todos os quadrantes. [14]A China descreveu-a como "uma decisão inadequada tomada numa altura inoportuna". [15]Os membros da UA opuseram-se veementemente a esta decisão. Parece, portanto, haver alguma confusão quanto ao objetivo do Tribunal quando actua sob os auspícios do Conselho de Segurança da ONU, um órgão composto principalmente pelas superpotências ocidentais e seus aliados. Para além disso, há um mal-entendido sobre o significado da relação, particularmente quando se ignoram os poderes de que o Tribunal goza sob os auspícios do Conselho de Segurança da ONU. Por exemplo, o Tribunal pode declarar-se competente em casos em que, de outra forma, não o seria, levando assim a justiça a pessoas cujos Estados lhes negaram essa oportunidade. Por conseguinte, é necessário clarificar a natureza, o significado e o objetivo exactos da relação entre o TPI e o Conselho, a fim de encontrar um possível terreno comum.

1.5. Limites do estudo

O âmbito do livro é limitado em termos de volume. Isto significa que apenas destacará as principais áreas de preocupação na relação entre o CSNU e o CCI.

---

[14] Annalisa Ciampi *'The Proceedings Against President Al Bashir And The Prospects Of Their Suspension Under Article 16 ICC Statute'* 6 J Int'l. Crim. Just 885.

[15] Nos seus discursos na 63.ª sessão da AG, que teve início em Nova Iorque a 19 de setembro de 2008, vários chefes de Estado e ministros sublinharam a necessidade de o Conselho de Segurança adiar a acusação contra Al Bashir. Ver <http://www.un.org/ga/63/generaldebate> (acedido em 20 de abril de 2009).

CAPÍTULO 2

2.0. A genealogia do poder e a afinidade com o controlo

2.1.0 Introdução :

Desde o aparecimento da ideia de Estado-nação, tem havido inevitavelmente Estados poderosos e Estados mais fracos. Os mais poderosos têm feito o seu melhor para manter o status quo. Para o conseguir, a acumulação de poder militar e o rápido desenvolvimento económico são algumas das opções disponíveis. Este capítulo analisa o poder do sistema jurídico internacional como instrumento para manter a supremacia internacional. O Tribunal Penal Internacional (TPI), uma nova e importante instituição do século XX, não conseguiu escapar à afinidade dos Estados poderosos pelo controlo do sistema judicial internacional e dos seus mecanismos. No entanto, esta situação não é invulgar. A história do papel dos Estados poderosos no direito das nações revela uma linha constante de controlo dos mecanismos da justiça internacional. O direito penal internacional é uma ilustração particular deste facto. Este capítulo seguirá o fio condutor desde o Tratado de Versalhes até ao atual Estatuto de Roma. Deverá permitir uma compreensão clara do comportamento do Conselho de Segurança das Nações Unidas em relação ao TPI e das suas ramificações para o sistema de direito penal internacional.

2.1.1. O CSNU e o direito penal internacional :

As origens do Conselho de Segurança das Nações Unidas remontam aos dias anteriores à fundação da Sociedade das Nações. [16]Três dos actuais cinco membros permanentes foram sempre um clube *ad hoc* que se apoiou mutuamente e saiu vitorioso da Primeira e da Segunda Guerras Mundiais.

[16] Estados Unidos, Reino Unido e França.

[17]No final da Primeira Guerra Mundial, este clube *ad hoc* assinou um tratado de paz com a Alemanha em Versalhes. O Tratado de Versalhes previa a punição dos principais responsáveis pelos crimes de guerra cometidos durante a guerra. [18]O artigo 227° do tratado criou um tribunal especial de cinco juízes nomeados pelos próprios vencedores para julgar o imperador alemão derrotado, Wilhelm II . Esta foi a primeira tentativa das potências de utilizar o direito penal internacional como instrumento de subjugação.

Durante o mesmo período, percebeu-se que a melhor forma de garantir a coexistência pacífica entre as nações era através de um pacto concreto, devidamente concluído e vinculativo para as nações do mundo. Esta foi uma iniciativa de duas das potências acima referidas, os Estados Unidos e o Reino Unido. [19]Em setembro de 1916, Robert Cecil, membro do governo britânico, escreveu um memorando no qual afirmava que a civilização só poderia sobreviver se conseguisse desenvolver um sistema internacional que garantisse a paz. [20]Aquando do início das negociações de paz, em outubro de 1918, Woodrow Wilson, Presidente dos Estados Unidos, insistiu para que os seus catorze pontos constituíssem a base para a criação de uma organização que garantisse a paz internacional. [21]O seu pacto, adotado na Conferência de Paz de Paris em abril de 1919, previa a criação do Conselho

---

[17] Depois a Itália e o Japão. Ver. Cassese, *Direito Penal Internacional* (2(nd) Ed), 317.

[18] Ver o Tratado de Paz de Versalhes, consultado em 24 de outubro de 2009 no seguinte http://net.lib.byu.edu/~rdh7/wwi/versa/versa6.html.endereço: O tribunal nunca chegou a julgar o imperador, que procurou asilo nos Países Baixos e cuja extradição foi recusada. A composição do tribunal foi também fortemente criticada por eminentes publicistas, tornando-o inviável. Cf. Cassese, *Direito Penal Internacional* (2(nd) Ed), 317.

[19] History of the League of Nations Retrieved from http://www.spartacus.schoolnet.co.uk/FWWleague.htm on 7 October 2009.

[20] Philip J Strollo 'League of Nations Time Line' Retrieved from http://worldatwar.net/timeline/other/league18-46.html on 7 October 2009.

[21] O Conselho é composto por representantes das principais potências aliadas e associadas e por representantes de quatro outros membros da Liga. Estes quatro membros da Liga serão escolhidos pela Assembleia de tempos a tempos, à sua discrição.

da Sociedade das Nações . Este era, sem dúvida, o braço mais poderoso da Liga, uma vez que incluía duas das potências acima referidas, nomeadamente o Reino Unido e a França.[22]

Em termos jurídicos, as potências reservaram para si um lugar especial no sistema internacional de justiça e paz. [23]Deram a si próprias o direito de criar o Tribunal Internacional de Justiça. Afirma-se que se trata de uma medida destinada a assegurar que o sistema judicial internacional permaneça à disposição dos poderosos. Esta é uma ilustração clara da sede de controlo das nações poderosas sobre o sistema judicial. O Conselho também tinha o poder de remeter questões para o Tribunal Internacional de Justiça (TIJ) para pareceres consultivos.[24]

2.1.2. O declínio da Sociedade das Nações :

A eficácia da Sociedade das Nações foi seriamente posta em causa com o início da Segunda Guerra Mundial. Tornou-se claro que a Sociedade das Nações não estava a cumprir o seu sonho de garantir a paz internacional.[25]

[26]Os Estados Unidos da América nunca foram membros da Liga das Nações, embora o conceito tenha sido concebido por Woodrow Wilson, um presidente

[22] O Conselho tinha quatro membros permanentes (os outros dois eram a Itália e o Japão). Uma vez que o Congresso norte-americano não ratificou o Pacto, os Estados Unidos permaneceram fora da Liga das Nações. No entanto, a Liga desempenhou um papel essencial na política mundial. Ver Philip J Strollo "League of Nations Time Line", acedido em http://worldatwar.net/timeline/other/league18-46.html em 7 de outubro de 2009.

[23] Pacto da Sociedade das Nações, art. 14º: "O Conselho formulará e submeterá à adoção dos membros da Sociedade das Nações um plano para a criação de um Tribunal Permanente de Justiça Internacional. O Tribunal terá jurisdição sobre qualquer litígio de carácter internacional que as partes possam submeter à sua apreciação.

[24] Ver o Pacto da Sociedade das Nações, art. 14º. Trata-se, sem dúvida, de um antepassado do recurso ao CSNU ao abrigo da alínea b) do artigo 13º do Estatuto de Roma.

[25] Ver o preâmbulo do Pacto da Sociedade das Nações, no seguinte endereço http://net.lib.byu.edu/~rdh7/wwi/versa/versa1.html.

[26] Philip J Strollo 'League of Nations Time Line' Retrieved from http://worldatwar.net/timeline/other/league18-46.html on 7 October 2009.

americano. [27]A União Soviética foi membro durante um curto período de seis anos . [28]Em 21 de outubro de 1933, a Alemanha retirou-se da Liga das Nações. [29]Em 1935, o governo nazi decidiu dar os primeiros passos para se libertar das obrigações decorrentes do Tratado de Versalhes. [30][31]A ordem de rearmamento de Hitler, a violação das obrigações assumidas pela Alemanha no âmbito do pacto da Sociedade das Nações, a introdução do serviço militar obrigatório, a ocupação da Renânia, a tomada da Áustria e a ação contra a Checoslováquia " ilustram claramente a ineficácia da Sociedade das Nações. Não foi capaz de impedir as nações do mundo de violarem os princípios fundamentais do pacto. A eclosão da Segunda Guerra Mundial foi o culminar desta desintegração. A Liga das Nações não tinha conseguido garantir a paz internacional.

O capítulo da Sociedade das Nações foi assim encerrado. [32]Em 1946, as suas responsabilidades foram transferidas para a Organização das Nações Unidas , que tinha sido criada oficialmente em 24 de outubro de 1945, quando a Carta foi ratificada pela China, França, União Soviética, Reino Unido, Estados Unidos e pela maioria dos outros signatários.
Após a Segunda Guerra Mundial, as nações do mundo ficaram mais uma vez chocadas com os horrores da guerra e as suas consequências. Rapidamente aproveitaram a oportunidade para organizar um clube *ad hoc* de nações com as mesmas ideias, selecionadas entre os vencedores da guerra. Assumiram

---

[27] Philip J Strollo 'League of Nations Time Line' Retrieved from http://worldatwar.net/timeline/other/league18-46.html on 7 October 2009.
[28] Philip J Strollo 'League of Nations Time Line' Acedido em 7 de outubro de 2009 http://worldatwar.net/timeline/other/league18-46.html.
[29] Acórdão de Nuremberga, 27.
[30] Art. 8.º "Os membros da Liga reconhecem que a manutenção da paz exige a redução dos armamentos nacionais ao nível mais baixo compatível com a segurança nacional e o cumprimento, por ação comum, das obrigações internacionais....". Ver também o artigo 10.
[31] Acórdão de Nuremberga, 33.
[32] História da Liga das Nações Acedido em 7 de outubro de 2009.em http://www.spartacus.schoolnet.co.uk/FWWleague.htm em 7 de outubro de 2009.

o controlo do sistema judicial internacional e, desta vez, do direito penal internacional. [33]Em 8 de agosto de 1945, tiveram lugar em Londres conversações intensas e a França, a União Soviética, os Estados Unidos e a Grã-Bretanha assinaram a carta que criava o Tribunal Militar Internacional para julgar e punir os grandes criminosos de guerra (Tribunal de Nuremberga). Estas superpotências foram capazes de criar um tratado como nunca tinha sido feito antes porque gozavam de um domínio internacional na arena política e militar. Fizeram-no imediatamente após a sua vitória na Segunda Guerra Mundial. Queriam consolidar o seu domínio internacional e o direito penal era a melhor opção.

2.1.3. A lição de Nuremberga:

É amplamente aceite que foi no altar de Nuremberga que o direito penal internacional foi aplicado pela primeira vez. Esta afirmação implica que foram os poderosos vencedores da Segunda Guerra Mundial que criaram o direito penal internacional. Depois impuseram-no aos vencidos. [34]O acórdão de Nuremberga, apoiado pela Carta do Tribunal Militar Internacional (TMI), fundou o indivíduo na cena internacional, proibindo as defesas baseadas na posição oficial e nas ordens superiores para os crimes internacionais. [35]Reduziu assim o alcance da soberania do Estado e condenou seres humanos vivos por crimes cometidos em nome do Estado, para citar apenas algumas das suas muitas realizações.

Apesar das suas inúmeras realizações, o Tribunal de Nuremberga deixou um legado de caraterísticas que nunca serão imitadas. A colegialidade do

---

[33] Rob Cawstone, "Nuremberga e o legado da lei". Acedido em 21 de abril de 2009 em http://www.globalpolicy.org/intljustice/universal/2005/1121legacy.htm.

[34] Ver a Carta da TMI, artigos 6º, 7º e 8º.

[35] Goering, um alto funcionário nazi, foi condenado pelos crimes que cometeu em nome do governo nazi. Ver o acórdão de Nuremberga.

Tribunal era manifestamente parcial, uma vez que só os vencedores julgavam os vencidos. [36][37]A Carta do IMT foi redigida pelas mesmas pessoas que a iriam utilizar e que tinham em mente os crimes quando a redigiram. Isto levou ao desenvolvimento de um estatuto penal especificamente concebido para condenar os suspeitos. [38]Além disso, a Carta do IMT era um mero anexo a um tratado celebrado por apenas algumas nações interessadas. [39]Por conseguinte, carecia de legitimidade internacional, embora 19 outras nações com os mesmos interesses a tenham subscrito posteriormente. Além disso, o Tribunal de Nuremberga teve de ser dissolvido imediatamente após o final do julgamento, o que o tornou um tribunal improvisado e não permitiu qualquer processo de recurso.[40]

[41][42][43]No momento mais oportuno, os princípios criados pelas nações poderosas e enunciados na Carta do IMT foram confirmados por uma resolução das Nações Unidas, conferindo-lhes a força de princípios fundamentais de uma disciplina em desenvolvimento do direito penal

[36] Yitiha Smbeye, L'*immunité et le droit pénal international*, 10.

[37] Em 8 de agosto de 1945, a Carta do IMT foi assinada em Londres. A assinatura de Robert Jackson, "Em nome do Governo dos Estados Unidos da América", foi a primeira de muitas. Robert Jackson foi também o Procurador-Geral nos Julgamentos de Nuremberga. Ver *o tributo ao Procurador Jackson de Nuremberga* disponível em http://www.roberthjackson.org/Man/Speeches About Nuremberg Ferencz/ Ver também as partes da Carta do Tribunal Militar Internacional, 8 de agosto de 1945, 59 Stat. 1544, 82 U.N.T.S. 279.

[38] Ver Carta da TMI, art. 1.

[39] A adesão à Carta constituiu uma expressão de apoio aos conceitos e normas estabelecidos na Carta.
Ver a *homenagem ao procurador Jackson de Nuremberga* em http://www.roberthjackson.org/Man/Speeches About Nuremberg Ferencz/

[40] Ver Carta do IMT, Artigo 26. 26. O acórdão do Tribunal sobre a culpa ou inocência de um arguido deve indicar as razões em que se baseia; é final e não está sujeito a revisão.

[41] Em 11 de dezembro de 1946, a primeira Assembleia Geral afirmou os princípios de direito reconhecidos pela Carta e pelo acórdão do IMT, conferindo-lhes assim uma força jurídica universalmente vinculativa. Ver *Hommage au procureur de Nuremberg Jackson* disponível em http://www.roberthjackson.org/Man/Speeches A propos de Nuremberg Ferencz/

[42] Afirmação dos Princípios de Direito Internacional Reconhecidos pela Carta do Tribunal de Nuremberga, G.A. Res. 95 (I), U.N. GAOR, 1ª sessão, pt. 2, p. 1144, U.N. Doc. A/236 (1946).

[43] Ver o Relatório da Comissão de Direito Internacional à Assembleia Geral "Principles of International Law Recognized in the Charter of the Nuremberg Tribunal and in the Judgment of the Tribunal, with commentaries" 1950, Yearbook of International Law Acedido em 19 de outubro de 2009 em *untreaty.un.org/ilc/texts/instruments/english/.../7_ 1_ 1950.pdf* -.

internacional. A ligação entre os Estados poderosos e o direito penal internacional foi assim cimentada e tornada indestrutível.

2.1.4. Ruanda e Jugoslávia: os pesadelos das Nações Unidas.

Os males que os julgamentos de Nuremberga deveriam evitar ainda não existiam. [44]Foram vistos mais uma vez nos campos da Jugoslávia e do Ruanda. Houve um enorme derramamento de sangue enquanto o mundo assistia em silêncio mortal, demonstrando a lamentável impotência do aparelho jurídico internacional para atuar rapidamente quando necessário. As Nações Unidas fizeram esforços louváveis para restaurar a sua imagem, virando as páginas da história até ao capítulo de Nuremberga. [45]O Conselho de Segurança das Nações Unidas aproveitou esta experiência e adoptou rapidamente resoluções que criam o Tribunal Penal Internacional para a ex-Jugoslávia (TPIJ) e o Tribunal Penal Internacional para o Ruanda (ICTR) . [46]Estes dois tribunais *ad hoc* adoptaram o carácter descartável de Nuremberga: tinham de fazer as malas e partir em momentos específicos e foram especialmente concebidos para as respectivas situações.[47]

2.2.0. A natureza do sistema ad hoc :

No âmbito do sistema *ad hoc*, é adoptada uma resolução das Nações Unidas para criar um tribunal especialmente adaptado a uma situação específica que envolva a prática de crimes internacionais. O tribunal é especialmente

[44]A partir de 1991, foram cometidas graves violações do direito humanitário internacional na ex-Jugoslávia e, mais ainda, no Ruanda e nos países vizinhos, onde o genocídio foi uma das atrocidades cometidas em 1994.

[45] Resolução 827 (1993) do Conselho de Segurança (ICTY) e Resolução 955 (1994) do Conselho de Segurança (ICTR).

[46] Ver Estatuto do ICTR, artigo 7º: "A jurisdição temporal do Tribunal Internacional para o Ruanda abrange o período compreendido entre 1 de janeiro de 1994 e 31 de dezembro de 1994".

[47] O TPIJ deveria concentrar-se nas atrocidades cometidas na ex-Jugoslávia desde 1991 e o TPIR nas cometidas no Ruanda e arredores.

constituído e mandatado apenas por um período de tempo específico e dentro de uma área de jurisdição delimitada. Para efeitos do presente documento, a caraterística relevante é o facto de o tribunal ser criado por uma resolução do Conselho de Segurança das Nações Unidas. O sistema de tribunais *ad hoc* é, assim, mais uma ilustração do objetivo das superpotências de reforçar o seu controlo sobre o sistema judicial internacional. Uma rápida reflexão sobre o carácter improvisado dos tribunais *ad hoc* revelou rapidamente que o mundo já não esperaria que ocorressem atrocidades para formar uma instituição judicial que se ocupasse do lado jurídico das coisas. Esta aversão ao carácter temporário do sistema de tribunais *ad hoc* lançou as sementes de um tribunal penal internacional permanente.

Em segundo lugar, o facto de os tribunais *ad hoc* terem sido criados pelo Conselho de Segurança das Nações Unidas foi considerado um inconveniente. [48]O Conselho de Segurança das Nações Unidas tem os seus próprios preconceitos enquanto órgão político ( ). Estes preconceitos não são bem dominados no âmbito do sistema de tribunais ad hoc. Estes preconceitos não são bem dominados na instrumentalidade do sistema de tribunal *ad hoc*. [49]Afirma-se que o CSNU raramente, ou nunca, criaria um tribunal *ad hoc* para lidar com uma situação que envolvesse um dos seus membros poderosos e os seus aliados. Um tribunal penal internacional permanente teria de ser formado e criado sem os defeitos ilustrados pelos seus descendentes em Nuremberga e nos outros dois tribunais *ad hoc*.

2.3.0. A ideia de um Tribunal Penal Internacional permanente :

A incapacidade das Nações Unidas de agir rapidamente nas situações do

[48] Ver Otto Triffterer "Commentary on the Rome Statute", Artigo 16º, nota marginal 1.
Tribunal Penal Internacional ou noutro local". Ver "US Hits UN Gaza Report for Excess Focus on Israel", de David Gollust. Acedido em 19 de outubro de 2009 em: http://www.voanews.com/english/2009-09-19-voa2.cfm

Ruanda e da Jugoslávia deu o impulso para a rápida criação de um tribunal penal internacional. [50]Apesar de a ideia já ter sido lançada, tinha sido colocada em segundo plano e estava a ganhar pó. O tribunal permanente de direito penal internacional deveria ser um órgão livre dos preconceitos do Conselho de Segurança das Nações Unidas e pronto a intervir em qualquer altura. Deveria nascer de um tratado multilateral e não de uma resolução do Conselho de Segurança das Nações Unidas, que era a origem dos tribunais *ad hoc*. A ideia de um tratado multilateral tinha como objetivo conferir legitimidade internacional ao Tribunal. Deveria ser um tribunal que inspirasse respeito e confiança aos olhos de todos os actores internacionais.

As superpotências do Conselho de Segurança das Nações Unidas viram nisso mais uma oportunidade de tomar o sistema judicial internacional nas suas próprias mãos. [51][52]Rapidamente insistiram que o projetado tribunal deveria estar ligado ao sistema da ONU e, em particular, ao Conselho de Segurança da ONU. Este pedido foi feito com base no Capítulo VII da Carta das Nações Unidas.

2.3.1. A controvérsia começa:

Na conferência de Roma, a natureza da relação entre o Conselho de Segurança das Nações Unidas e o TPI foi controversa. [53]Alguns participantes eram de opinião que o Conselho de Segurança da ONU não deveria intervir, uma vez que isso garantiria a existência de um órgão judicial imparcial. Este grupo temia que a interferência do Conselho de Segurança da ONU

---

[50] A ideia de um tribunal penal internacional surgiu já em 1899, na primeira conferência de paz em Haia. Ver Yitiha Simbeye *Immunity and International Criminal Law,* 9.

[51] Ver Estatuto de Roma, artigo 2.

[52] Ver Estatuto de Roma, artigos 13º e 16º.

[53] Um grupo de 60 Estados que partilham as mesmas ideias apelou à criação de um tribunal independente e eficaz. Ver "Commentary on the Rome Statute of the International Criminal Court (1999) (2nd Ed), Introdução, nota marginal 12.

prejudicasse o funcionamento do TPI. Este grupo receia que a interferência do Conselho de Segurança da ONU prejudique o funcionamento do TPI. [54]Esta preocupação é compreensível tendo em conta a natureza da representação no CSNU, nomeadamente os cinco membros permanentes com direito de veto. O receio prende-se com a justiça política. [55]Os membros do CSNU e os seus aliados teriam a garantia de proteção contra ataques do TPI a mando do CSNU. Foram levantadas outras objecções relativamente ao respeito pelo conceito de soberania dos Estados. [56]Considerou-se que a utilização do TPI pelo CSNU obrigaria os Estados a renunciar a grande parte dos seus poderes soberanos, o que é muito desagradável para os Estados. Os Estados sentiam-se mais à vontade com um tribunal que respeitasse o conceito de soberania, tal como demonstrado pelo recém-criado conceito de complementaridade.[57]

A outra frente era de opinião que o Conselho de Segurança das Nações Unidas, dotado do poder de manter a paz ao abrigo do Capítulo VII da Carta das Nações Unidas, faria um melhor trabalho recorrendo ao TPI. Consideravam que esta relação permitiria acabar com os *tribunais ad hoc*, que alguns viam como uma pura manifestação da justiça do vencedor. O regime dos tribunais *ad hoc* era dispendioso e estava manchado pelos seus próprios preconceitos, e o TPI deveria ser uma instituição destinada a remediar esses preconceitos e deficiências. [58]Considerou-se também que o

[54] O CSNU tem cinco membros permanentes (China, Estados Unidos, Reino Unido, França e Federação Russa) e dez membros rotativos.
[55] As decisões sobre questões de fundo requerem nove votos, incluindo os votos favoráveis dos cinco membros permanentes. Trata-se da regra da "unanimidade das grandes potências", frequentemente designada por "direito de veto". Os membros permanentes vetam, portanto, qualquer resolução que afecte os seus interesses ou os de um aliado. Ver "Composição do Conselho de Segurança" http://www.un.org/sc/members.asp
[56] Uma remessa do CSNU é vinculativa para o Estado em causa, independentemente da sua filiação no Estatuto de Roma. Este facto é considerado uma violação da soberania do Estado, uma vez que este não pode decidir julgar ele próprio os suspeitos.
[57] Ver o preâmbulo do Estatuto de Roma, parágrafo 10 e art. 1.
[58] Ver Triffterer, (ed) 'Commentary on the Rome Statute of the International Criminal Court (1999)

Conselho de Segurança das Nações Unidas daria mais peso ao Tribunal, dada a sua falta de jurisdição universal. Por conseguinte, considerou-se que o Conselho de Segurança da ONU daria ao Tribunal uma forma de jurisdição global ou, pelo menos, uma jurisdição sobre todos os membros das Nações Unidas.[59]

2.3.2. Chegou-se a um compromisso:

Por último, foi acordado que a relação entre o CSNU e o TPI seria atenuada pelo regime de adiamento em que, em determinadas circunstâncias específicas, o CSNU solicita ao Tribunal que *adie* por períodos renováveis de doze meses. Este regime serviu de compromisso entre os que pretendiam que o CSNU se mantivesse completamente afastado do TPI e os que sonhavam que o CSNU actuasse como um filtro para os processos do TPI.[60]

[61]Após ter chegado a compromissos, a conferência adoptou o Estatuto de Roma por uma esmagadora maioria de 120 votos. [62]Muitos delegados da conferência afirmaram que a adoção do Estatuto constituía um passo importante na história da humanidade, dado em vésperas do milénio. O Tribunal estava agora estabelecido, com duas cordas ligadas a ele e o Conselho de Segurança da ONU segurando as outras extremidades.

(2nd Ed)art.12, notas marginais 6 e 7. Uma delegação alemã ao Estatuto de Roma sugeriu a atribuição de jurisdição universal ao TPI, mas esta sugestão foi rejeitada por razões políticas. Ver também Werle, Principles of International Criminal Law' 59, nota marginal. 170.

[59] As decisões adoptadas pelo CSNU são vinculativas para todos os 192 Estados membros da ONU. Ver artigo 25º da Carta das Nações Unidas.

[60] Para uma lista completa e uma análise pormenorizada dos compromissos, ver Comentário ao Estatuto de Roma do Tribunal Penal Internacional (1999) (2((nd)) Ed), Introdução, nota marginal 13.

[61] 7 votos contra e 21 abstenções. Ver Hans Corell "EVALUATING THE ICC REGIME: THE LIKELY IMPACT ON STATES AND INTERNATIONAL LAW" Recuperado em 29 de outubro de 2009 http://untreaty.un.org/OLA/media/info from lc/romestatute dec00.pdf

[62] Lee, SR, "The Rome Conference and its contributions to International law" in Roy S Lee, (ed) *The International Criminal Court, the Making of the Rome Statute, Issues, Negotiations and Results,* 26.

A natureza da relação entre o TPI e o CSNU: os regimes de remessa e de adiamento

[63]O Estatuto de Roma estabelece que o TPI é um tribunal penal internacional independente. É independente no sentido em que é um tribunal autónomo. No entanto, o Conselho de Segurança das Nações Unidas tem duas cordas no seu arco. Trata-se dos regimes de reenvio e de adiamento. O que se segue é um debate sobre estes regimes.

2.4.1. O esquema de referência :

No exercício da sua competência, o Tribunal está adstrito ao Conselho de Segurança das Nações Unidas. O Estatuto de Roma cria um sistema de reenvio ao CSNU (sistema de reenvio) da seguinte forma;

O Tribunal poderá exercer a sua competência relativamente a um dos crimes referidos no artigo 5º, de acordo com as disposições do presente Estatuto, se :

...

[64](b) O Conselho de Segurança, deliberando nos termos do capítulo VII da Carta das Nações Unidas, submeterá ao Procurador uma situação em que um ou mais desses crimes pareçam ter sido cometidos.

Este sistema permite ao Conselho de Segurança das Nações Unidas remeter situações para o Tribunal para investigação e eventual ação penal.

2.4.2. Regime de diferimento :

O poder de adiamento é o segundo tentáculo do CSNU no TPI. O Estatuto de Roma cria este regime da seguinte forma:

---

[63] Ver Estatuto de Roma, preâmbulo, parágrafo 9.
[64] Ibid, art. 13º (b).

Nenhuma investigação ou processo poderá ser instaurado ou conduzido ao abrigo do presente Estatuto durante um período de doze meses após o Conselho de Segurança, através de uma resolução adoptada nos termos do Capítulo VII da Carta das Nações Unidas, ter solicitado ao Tribunal que o faça.[65]

Este sistema confere ao Conselho de Segurança das Nações Unidas o poder de parar a máquina do TPI no seu caminho. [66][67]Apanha casos remetidos pelos Estados, iniciativas *proprio motu* e até situações remetidas pelo CSNU.

[68][69]A disposição prevê igualmente que o pedido pode ser renovado pelo Conselho nas mesmas condições. O número de renovações foi deixado em aberto e é, por conseguinte, indefinido.

2.4.3. Mandato do CSNU ao abrigo do Capítulo VII da Carta das Nações Unidas

O Capítulo VII da Carta das Nações Unidas prevê acções relativas às ameaças à paz, às violações da paz e aos actos de agressão. Prevê, nomeadamente, que ;

O Conselho de Segurança verifica a existência de qualquer ameaça à paz, rutura da paz ou ato de agressão e formula recomendações ou decide das medidas a tomar, nos termos dos artigos 41º e 42[69]º, para manter ou restabelecer a paz e a segurança internacionais.[70]

A Carta acrescenta que

[65] Ibid, artigo 16.
[66] Ibid, artigo 13.º (a), artigo 14.
[67] Ibidem, art. 13.º, alínea c), art. 15.
[68] Loc.cit.
[69] O artigo 42º refere-se ao uso da força armada quando outras medidas falharam.
[70] Carta das Nações Unidas, artigo 39.

O Conselho de Segurança pode decidir quais as medidas que, não implicando o uso da força armada, devem ser empregues para dar cumprimento às suas decisões e pode solicitar aos membros das Nações Unidas que apliquem essas medidas.[71]

Este mandato é suficientemente amplo para permitir que o TPI seja utilizado como uma das medidas de manutenção da paz internacional. As decisões adoptadas no âmbito deste mandato são vinculativas para os Estados membros das Nações Unidas.

2.5.0. Conclusão do estudo

O TPI é atualmente uma instituição internacional permanente. Apesar das suas vantagens em relação ao sistema *ad hoc* de que resultou, o TPI assumiu algumas das caraterísticas que deveria ter abandonado para se tornar uma instituição melhor. A principal crítica diz respeito à sua estreita ligação com o Conselho de Segurança das Nações Unidas. Esta é uma ilustração do amor das superpotências pelo poder. O próximo capítulo apresenta uma análise crítica da relação entre o TPI e o CSNU, à luz da utilização do TPI pelo CSNU como instrumento de manutenção da paz.

[71] Carta das Nações Unidas, artigo 41.

CAPÍTULO 3

3.0. O problema da manutenção da paz por via judicial

3.1 Introdução :

O Estatuto de Roma foi adotado por decisão da Comunidade dos Estados-Membros da União Europeia.
para criar um tribunal penal internacional independente. Visitar
A independência do Tribunal implicaria a não ingerência de qualquer outra instância nos seus trabalhos. Simultaneamente, a comunidade dos Estados decidiu também colocar o Tribunal numa relação com o Sistema das Nações Unidas, o que coloca o TPI à disposição do Conselho de Segurança das Nações Unidas para atingir os objectivos do Capítulo VII da Carta das Nações Unidas. O TPI está, assim, à disposição do Conselho de Segurança das Nações Unidas para alcançar os objectivos do Capítulo VII da Carta das Nações Unidas. Este capítulo aborda os problemas associados à utilização de um tribunal como mecanismo de manutenção da paz.

3.2.0. Duplicação de funções e colisão de recursos

[72][73]O direito penal internacional foi sucintamente definido como o direito penal das nações cuja função consiste em proteger os valores jurídicos mais elevados dessa comunidade. [74][75]Protege a paz, a segurança e o bem-estar do mundo como valores fundamentais da comunidade internacional e reconhecidos pela Carta das Nações Unidas. [76]O mandato do TPI é claro:

---

[72] Estatuto de Roma, preâmbulo, parágrafo 9.
[73] *Comentário de* Triffterer *ao Estatuto de Roma do Tribunal Penal Internacional* (1999) (2(nd)) Ed), preâmbulo, nota marginal 9.
[74] Werle, *Principles of International Criminal Law,* 27, nota marginal 77.
[75]As palavras "paz e segurança" aparecem mais de 31 vezes na Carta das Nações Unidas. Ver Triffterer (ed) *"Commentary on the Rome Statute of the International Criminal Court* (1999) (2nd Ed), preâmbulo, nota marginal 10.
[76] Dan Sarooshi "The Peace and Justice Pradox" in Dominic McGoldrick et al. *The Permanent*

fazer justiça através de processos penais internacionais por crimes da competência do Tribunal. As leis penais têm vantagens dissuasivas e retributivas, entre outras. [77]A dissuasão, a principal função do direito penal, é o meio mais eficaz de proteção dos valores jurídicos . A sede de justiça de uma população pode pôr em causa a coexistência pacífica entre as pessoas. [78][79]Norman Dorsen salientou que um tribunal eficaz dissuadiria os autores de violações graves dos direitos humanos, confrontando-os com o risco de punição. Impedir estes potenciais criminosos de embarcarem nas suas aventuras atrozes é um ato de manutenção da paz, dado que estas atrocidades envolvem quase sempre violações da paz internacional. [80]Por exemplo, é durante as guerras que ocorrem mais frequentemente os crimes que são da competência do TPI. [81]Por conseguinte, a manutenção e o restabelecimento da paz e da segurança internacionais requerem diretamente o recurso à intervenção judicial internacional contra os crimes de alcance internacional. O TPI alcança assim o objetivo da paz e da segurança através do direito penal internacional.

Por outro lado, os objectivos do Conselho de Segurança das Nações Unidas consistem em tomar medidas para manter ou restabelecer a paz e a segurança internacionais. Este objetivo é geral e amplo. [82]Permite ao CSNU utilizar meios pacíficos e violentos. A criação de um órgão judicial foi considerada uma medida abrangida por este mandato alargado. [83]No

---

International Criminal Court-Legal and Policy Issues, 95-115, 96.

[77] Otto Triffterer "Commentary on the Rome Statute of the International Criminal Court (1999) (2nd Ed), preâmbulo, nota marginal 15.
[78] Presidente do Comité de Advogados para os Direitos Humanos.
[79] http://www. un.org/icc/pressrel/lrom 15. htm
[80] Ver Triffterer (ed) *'Commentary on the Rome Statute of the International Criminal Court* (1999) (2nd Ed), preâmbulo, nota marginal 18.
[81] Triffterer (ed) *'Commentary on the Rome Statute of the International Criminal Court* (1999) (2(nd) Ed), preâmbulo, nota marginal 18.
[82] Ver Carta das Nações Unidas, art. 42.
[83] (IT-94-I), Decisão sobre o pedido da defesa relativo à competência (Secção de Julgamento),

processo Procurador v Dusko Tadic , a defesa contestou a legalidade da criação do TPIJ pelo CSNU e argumentou que este tinha actuado *ultra vires.* A Câmara de Julgamento considerou que o CSNU não estava limitado na utilização de medidas não militares ao abrigo do artigo 41º da Carta. [84]da Carta. Considerou que tais medidas podiam incluir a criação de um órgão judicial cujo objetivo era processar e punir indivíduos responsáveis por violações graves dos direitos humanos que constituíssem ameaças claras à paz e segurança internacionais. [85]Recentemente, o TPI, enquanto meio pacífico, foi incluído no mandato e utilizado como uma das opções disponíveis. Para além disso, através do adiamento, o CSNU pode suspender os processos do TPI e, assim, alcançar a paz, facilitando devidamente a sequência paz/justiça.

A análise anterior revela uma dupla duplicação de funções. Em primeiro lugar, tanto o CSNU como o TPI tentam manter a paz através do recurso ao direito penal internacional; o CSNU através de regimes de encaminhamento/reencaminhamento e o TPI através do encaminhamento pelos Estados Partes e dos poderes *proprio motu* do Procurador. Esta situação é indesejável, dado que apenas o TPI está especificamente mandatado para tratar do aspeto judicial dos esforços internacionais de manutenção da paz. O Conselho de Segurança das Nações Unidas deveria, por conseguinte, ocupar-se apenas da vertente não judicial destes esforços.

[86]Em segundo lugar, nos termos da alínea b) do artigo 13º do Estatuto de Roma, o CSNU também pode acionar a jurisdição do TPI sobre um Estado

---

(1995).

[84] Procurador v. Dusko Tadic, (IT-94-I), Decisão sobre a moção da defesa relativa à jurisdição (Câmara de Julgamento), (1995), parágrafos 26 e 27.

[85] Resolução 1593 do Conselho de Segurança das Nações Unidas, que remete a situação no Darfur para o TPI.

[86] Ver Triffterer (ed) *Commentary on the Rome Statute of the International Criminal Court* (1999) (2(nd) Ed), Artigo 13, nota marginal 16.

que já tenha ratificado ou aderido ao Estatuto de Roma. [87]O TPI tem um procurador responsável pela supervisão e tratamento dos casos abrangidos pela jurisdição do Tribunal. Os Estados-Membros que ratificaram ou aderiram devidamente ao Estatuto de Roma são abrangidos pelo seu âmbito de aplicação. Consequentemente, a ação do Conselho de Segurança da ONU criará um tribunal onde já existe um. Isto não faz sentido, uma vez que o Estatuto de Roma, enquanto tratado, já vinculou os seus Estados Partes às obrigações dele decorrentes. Além disso, esta ação torna redundantes os poderes *proprio motu* do Procurador.

A colisão de meios é evidente quando o Conselho de Segurança da ONU, que está a tentar manter a paz internacional por meios não jurídicos, pede ao TPI que suspenda os seus procedimentos. Isto pode acontecer numa altura em que o TPI está a tentar manter a mesma paz através de processos e investigações. O objetivo é o mesmo, mas o *modus operandi* é diferente. O Conselho de Segurança da ONU tem o poder de impedir a ação de manutenção da paz do TPI e *vice-versa.*

No entanto, existe uma diferença entre os objectivos do CSNU no âmbito da Carta das Nações Unidas e os objectivos gerais da Carta das Nações Unidas. [88][89]A manutenção da paz e da segurança internacionais constitui um objetivo geral da Carta e está igualmente "no cerne do direito penal internacional "[89] . [90]A adoção de medidas para garantir a paz e a segurança

---

[87] Estatuto de Roma, artigo 15º: O Procurador poderá iniciar uma investigação por *sua própria iniciativa,* com base em informações relativas a crimes da competência do Tribunal.
[88] Ver a Carta das Nações Unidas, The Purposes of the United Nations. Artigo 1º (1): Manter a paz e a segurança internacionais e, para esse efeito, tomar medidas colectivas eficazes para prevenir e eliminar as ameaças à paz e reprimir os actos de agressão ou outras violações da paz, e conseguir, por meios pacíficos e de acordo com os princípios da justiça e do direito internacional, a resolução de litígios internacionais ou de situações que possam conduzir a uma rutura da paz".
[89] Werle, *Principles of International Criminal Law,* 27, nota marginal 78.
[90]Ver Carta das Nações Unidas, artigo 39º: "O Conselho de Segurança determinará a existência de qualquer ameaça à paz, rutura da paz ou ato de agressão e fará recomendações ou decidirá

internacionais é um objetivo do Conselho de Segurança das Nações Unidas ao abrigo do Capítulo VII da Carta das Nações Unidas. [91]A Carta das Nações Unidas, enquanto aspiração de todos os seus Estados membros, pode garantir a paz internacional através dos mandatos do Conselho de Segurança das Nações Unidas e/ou dos mandatos do TPI ao abrigo do Estatuto de Roma. Ambos os instrumentos devem obedecer a um objetivo global: a paz e a segurança internacionais. Para eliminar a duplicação e as colisões acima referidas, é necessário começar por perguntar "quem serve quem" e "quem deve servir quem".

3.2.1. Quem serve quem?

Um olhar mais atento sobre o estado atual das relações entre o CSNU e o TPI revela que o TPI está ao serviço do CSNU. O CSNU, no seu objetivo de garantir a paz internacional, remete uma situação para o TPI. Neste caso, a remessa obriga o TPI a concentrar-se nas necessidades do CSNU. Quando o Tribunal actua por si próprio, o Conselho de Segurança das Nações Unidas, em virtude da remessa, pode também intervir e impedir a atuação do Tribunal. Este facto demonstra que os interesses do CSNU se sobrepõem aos do TPI.

3.2.2. Quem deve servir quem?

O próprio objetivo do TPI é aplicar a justiça que lhe foi confiada pelo Estatuto

---

das medidas a tomar, em conformidade com os artigos 41° e 42°, para manter ou restabelecer a paz e a segurança internacionais". Ver também o artigo 24°, que atribui ao Conselho de Segurança das Nações Unidas a responsabilidade principal pela manutenção da paz e da segurança internacionais.

[91] Ver Carta das Nações Unidas, art. 41: "O Conselho de Segurança pode decidir quais as medidas que, sem envolver o uso da força armada, devem ser empregues para dar efeito às suas decisões...".

de Roma. [92][93]Tendo em conta que as leis internacionais e, em particular, os tratados das Nações Unidas são coerentes entre si, pelo menos em teoria, pode observar-se que o Estatuto de Roma foi redigido tendo em mente os objectivos da Carta das Nações Unidas. A comunidade de Estados tomou alguns dos poderes do Conselho de Segurança das Nações Unidas (o mandato para criar órgãos judiciais) ao abrigo da Carta e cristalizou-os no Estatuto de Roma. Da criação do TPI pelo Estatuto de Roma, é razoável inferir que a comunidade de Estados delegou implicitamente a função judicial do CSNU no TPI.

O Estatuto de Roma tem por objetivo promover os próprios interesses da Carta das Nações Unidas e é um documento especializado. Aborda a questão da justiça penal internacional. O Estatuto de Roma "afirma que os crimes mais graves que preocupam a comunidade internacional no seu conjunto não podem ficar impunes" 93. [94]Reconhece igualmente que estes crimes graves comprometem os valores protegidos pelo Estatuto de Roma, nomeadamente a paz, a segurança e o bem-estar do mundo. Estes são os mesmos interesses que os da Carta das Nações Unidas, nos termos do Capítulo VII. Por conseguinte, é o CSNU que deve servir o TPI, atribuindo-lhe competência, como veremos mais adiante.

3.3.0 Problemas do assistente :

Após ter analisado o atual status quo das relações entre o CSNU e o TPI, propõe-se agora analisar os problemas que daí decorrem.

[92] Ver Werle, *Principles of International Criminal Law,* 27, nota marginal 78.
[93] Estatuto de Roma, preâmbulo, parágrafo 4.
[94] Preâmbulo do Estatuto de Roma, parágrafo 3.

3.3.1. O alastramento da impunidade

O adiamento, que pode interromper a ação penal para dar lugar a meios não legais de alcançar uma paz duradoura, pode perpetuar a impunidade. O Conselho de Segurança das Nações Unidas só pode conceder um adiamento no contexto dos mandatos do Capítulo VII. Estes mandatos tratam de questões de paz e segurança internacionais, cuja violação conduz frequentemente à prática de crimes da competência do Tribunal. [95]Com base neste diferimento, o CSNU pode impedir o TPI de exercer jurisdição sobre esses crimes. [96]Os processos judiciais constituem o limiar internacional para lidar com os crimes internacionais e eliminar a impunidade. Justiça atrasada é justiça negada. O Conselho de Segurança da ONU pode adiar um caso indefinidamente, sufocando efetivamente o sistema de justiça formal para sempre. [97]Este nível de impunidade para os crimes internacionais "fora dos processos formais de justiça ridiculariza as nossas noções de um sistema global coerente, civilizado e competente do século XXI, baseado em valores universais". [98]Os Estados Partes no Estatuto de Roma estão empenhados em pôr termo à impunidade dos autores de crimes graves e, por conseguinte, os processos penais contribuem para a prevenção de tais crimes. Como já foi referido, os processos penais eficazes enviam uma mensagem forte aos potenciais infractores e têm um efeito dissuasor. O adiamento, porém, permite que a justiça (penal) seja atrasada em nome dos interesses do Conselho de Segurança da ONU ao abrigo do Capítulo VII da Carta. Isto pode levar à perpetuação da impunidade, algo de que a criação do Tribunal era suposto livrar o mundo.

---

[95] Ver Triffterer (ed), *Commentary on the Rome Statute of the International Criminal Court* (1999) (2nd Ed), Artigo 16, nota marginal 10.
[96] Ver Estatuto de Roma, preâmbulo, parágrafos 4, 5 e 6. 4, 5 e 6.
[97] Max Du Plessis e Jolyon Ford (eds) *No Justice No Peace- Unable or Unwilling? Case Studies on Domestic Implementaion of the ICC Statute in Selected African Countries,* 1.
[98] Estatuto de Roma, preâmbulo, parágrafo 5.

3.3.2. A dicotomia paz/justiça: sequência e não preferência

O conceito de preferência no discurso sobre a paz/justiça é derrotista para o seu próprio fim. [99]Os valores da paz e da justiça não podem ser separados um do outro. Estão tão intimamente ligados que considerá-los como opções mutuamente exclusivas pode levar ao fracasso de ambos. Por exemplo, a preferência pode levar à aplicação incorrecta da justiça, o que pode conduzir a uma escalada das próprias injustiças que a ação procura travar. O facto de o Conselho de Segurança das Nações Unidas ter remetido para a situação no Darfur ilustra bem esta situação. Imediatamente após a emissão de um mandado de captura contra o atual Presidente sudanês, Omar al-Bashir, levantaram-se vozes que denunciavam a aplicação incorrecta da lei (da justiça). O Presidente da UA, Jean Ping, considerou que esta ação estava a "deitar achas para a fogueira", numa altura em que a UA estava a tentar "apagar o fogo". [100][101]Acrescentou que a paz e a justiça não devem entrar em conflito e que a necessidade de justiça não deve sobrepor-se à necessidade de paz. [102]O Professor Xavier Philippe referiu que, no terreno, o governo sudanês restringiu severamente as actividades das ONG internacionais. São as ONG que acolhem as vítimas e lhes fornecem os bens de primeira necessidade. [103]É portanto a vítima, a própria beneficiária do processo de justiça, que sofre. [104]O tiro saiu pela culatra para os rebeldes, que se

---

[99] Ver Werle, *Principles of International Criminal Law*, 27 nota marginal 78.
[100] Ver Tongkeh Joseph Fowale 'Al Bashir, Darfur e Mandado de Detenção do TPI
Sudanese President Omar Hassan Bashir defies ICC arrest warrant", acedido a 19 de outubro de 2009 em: http://international-politics.suite101.com/article.cfm/al_bashir_darfur_and_icc_arrest_warrant
[101] Reação Mundial: Mandado de Bashir" Acedido a 19 de outubro de 2009 em http : //n ews .bbc.co.u k/2/h i/afri ca/7923797.stm
[102] Xavier Philippe é o consultor jurídico do CICV para a Europa Oriental em Moscovo e professor de direito público nas universidades de Aix-Marseille III e Western Cape.
[103] Xavier Philippe, "Direito internacional: a acusação de Omaral-Bashir pelo Tribunal Penal Internacional e as novas formas de pirataria no Oceano Índico". Seminário apresentado na terça-feira, 26 de maio de 2009, na University of the Western Cape, na sala de reuniões da Faculdade de Direito.
[104] Ver o comentário de Abdoulaye Wade, Presidente do Senegal - World Reaction: Bashir Warrant", consultado a 19 de outubro de 2009 no seguinte endereço:

recusaram a negociar a paz, argumentando que não podiam negociar com um presidente que iria para a prisão. Os esforços de paz foram assim contrariados pelos meios utilizados. O Conselho de Segurança da ONU preferiu a justiça à paz, em vez de pôr a paz à frente da justiça. Consequentemente, a utilização do TPI como meio de manter a paz pode anular o seu próprio objetivo, que é o de estabelecer a paz.

A sequenciação é, portanto, um melhor substituto porque assegura uma justiça e uma paz duradouras. De acordo com este conceito, não se abandona um objetivo a favor de outro porque "a luta contra a impunidade é inseparável da procura da paz....[105] Um objetivo apenas facilita a realização do outro. A este respeito, por exemplo, o recurso à opção do TPI pelo Conselho de Segurança das Nações Unidas pode ser adiado para que a paz possa florescer no terreno. A paz facilita a recolha de provas, a identificação de testemunhas e a ressurreição do sistema judicial local, muitas vezes decaído, que é necessário para ajudar e cooperar com o TPI.

3.3.3. Comprometer a legitimidade do Tribunal

O Conselho de Segurança das Nações Unidas é um órgão político e a sua ligação ao TPI põe em causa a natureza judicial do Tribunal. Quando visto como um órgão político, o TPI deixa de ser um tribunal e torna-se um instrumento à disposição dos poucos Estados poderosos devidamente representados no Conselho de Segurança da ONU. Estes Estados raramente utilizarão o TPI contra os seus colegas e aliados. Os Estados Unidos e o seu aliado de longa data, Israel, são um exemplo disso mesmo. O Relatório Goldstone, elaborado por uma missão de apuramento de factos mandatada

---

http://news.bbc.co.uk/2/hi/africa/7923797.stm

[105] Eric Chevallier, porta-voz do Ministério dos Negócios Estrangeiros francês, reagindo ao pedido do Sudão. Ver *Réaction mondiale : Bashir Warrant,* acedido em 19 de outubro de 2009 em http://news.bbc.co.ukZ2/hi/africa/7923797.stm.

pela ONU ( ), concluiu que Israel e o grupo militante palestiniano Hamas cometeram provavelmente crimes de guerra, e mesmo crimes contra a humanidade, no decurso do seu curto conflito. [106]O relatório propõe que estas situações sejam remetidas para o TPI para efeitos de ação penal. [107]As hipóteses de as recomendações do relatório serem seguidas são muito reduzidas, porque "os Estados Unidos juntaram-se a Israel na descrição do relatório da ONU como unilateral e expressaram claramente a sua oposição à perspetiva de acusação de crimes de guerra relacionados com o conflito de Gaza perante o Tribunal Penal Internacional ou noutro local" 7. Israel goza, portanto, de imunidade por casamento, um privilégio de que o Sudão claramente não goza. [108]O Tribunal é assim apresentado como visando os Estados mais fracos ( ) e, por conseguinte, como um instrumento político nas mãos dos poderosos. A legitimidade do Tribunal enquanto órgão judicial está ameaçada.

3.3.4. Rejeição da independência do TPI

[109]O direito penal só pode funcionar a nível nacional e internacional se for possível demonstrar que as suas regras são e serão aplicadas por um tribunal independente. Não se pode dizer que um tribunal que pode ser encerrado em qualquer altura, sem que ninguém tenha voto na matéria, seja

---

[106] Ver "HUMAN RIGHTS IN PALESTINE AND OTHER OCCUPIED ARAB TERRITORIES Report of the United Nations Fact Finding Mission on the Gaza Conflict", consultado em 19 de outubro de 2009 no seguinte http://www2.ohchr.org/english/bodies/hrcouncil/specialsession/9/docs/UNFFMGC Report.pdf.endereço:

[107] Ver David Gollust *US Hits UN Gaza Report for Excess Focus on Israel.* Acedido em 19 de outubro de 2009 no seguinte endereço: http://www.voanews.com/english/2009-09-19-voa2.cfm

[108] Abdoulaye Wade, Presidente do Senegal, disse em reação ao mandado de captura do TPI: "O problema é que hoje muitos africanos têm a impressão de que este tribunal existe apenas para julgar os africanos, e não foi essa a minha intenção quando o assinei. Em qualquer parte do mundo onde existam pessoas que cometam genocídio, temos de as julgar, mas não apenas os africanos". *World Reaction: Bashir Warrant", acedido* a 19 de outubro de 2009 no seguinte http://news.bbc.co.ukZ2/hi/africa/7923797.stmendereço:

[109] *Comentário de* Triffterer *sobre o Estatuto de Roma do Tribunal Penal Internacional* (1999) (2((nd)) Ed), parte I, nota marginal 38.

independente. O adiamento coloca o TPI nesta situação. Os procedimentos previstos no Estatuto de Roma não podem ser aplicados.

[110]O Conselho de Segurança das Nações Unidas não está em condições de assegurar o funcionamento do Tribunal através de simples declarações políticas efectuadas no âmbito do Conselho de Segurança das Nações Unidas ( ). De acordo com a redação do artigo 16º do Estatuto de Roma, o pedido é feito através de uma resolução. O Conselho de Segurança das Nações Unidas reúne-se e adopta uma moção para pôr termo a qualquer investigação ou ação penal. Não se trata de uma questão sobre a qual o Tribunal possa atuar de outra forma. Trata-se de uma ordem dada pelo Conselho de Segurança da ONU a um órgão judicial supostamente independente. O Conselho de Segurança da ONU pode asfixiar o Tribunal durante o tempo que quiser, renovando a suspensão indefinidamente. A suspensão também não se limita a casos ou investigações conduzidas pelo próprio Conselho de Segurança da ONU. Aplica-se também a remessas *ex officio* e a remessas de Estados Partes. Trata-se, portanto, de uma suspensão total do TPI. A independência do Tribunal é, por conseguinte, posta em causa.

Enquanto órgão judicial, espera-se que o Tribunal tome as suas próprias decisões sobre quem deve processar ou investigar. Também só deve ser autorizado a interromper processos por razões legítimas e legalmente aceitáveis. O recurso ao diferimento priva o tribunal destes atributos essenciais que qualquer órgão judicial deve possuir.

3.3.5. Combinação dos poderes discricionários do Tribunal de Justiça

O mandato do TPI consiste em efetuar investigações e instaurar processos.

---

[110] Ver Triffterer (ed) *Commentary on the Rome Statute of the International Criminal Court* (1999) (2(nd) Ed), Artigo 16, nota marginal 2.

Estes processos podem ter sido iniciados pelo próprio Tribunal, mas podem ser interrompidos pelo Conselho de Segurança da ONU. Este facto coloca o Tribunal à mercê dos interesses do Conselho de Segurança da ONU. Quando parece que o Conselho de Segurança das Nações Unidas não gosta da acusação e, por conseguinte, pede o adiamento do processo, o Tribunal pode hesitar em atuar. Este facto limita o poder discricionário do Tribunal, que deve tomar as suas decisões tendo em conta os interesses políticos do Conselho de Segurança das Nações Unidas. O Tribunal deve aplicar apenas o seu poder discricionário. O poder discricionário político está reservado ao Conselho de Segurança da ONU e não deve ser importado para o TPI.

3.3.6. Justiça, um conceito relativo

A justiça é um termo relativo com muitas facetas. Pode ser, por *exemplo*, retributiva/corretiva, distributiva/restaurativa ou social. O presente documento limitar-se-á aos três aspectos acima referidos. O direito penal baseia-se na justiça retributiva/corretiva. Procura restabelecer o *status quo* anterior ao crime entre a vítima e o infrator. [111]Produz uma reparação (punição) que reverte diretamente a favor da vítima ou dos seus sobreviventes, evitando assim que estes tenham de pensar em qualquer forma de vingança. É assim que se pode alcançar uma coexistência pacífica numa sociedade. No entanto, esta teoria pressupõe que a agressividade natural da humanidade é a causa dos conflitos e de eventuais actividades criminosas. Os conflitos nem sempre são o resultado dos instintos agressivos quase animais do homem, que merecem ser punidos a todo o custo. Os conflitos, e na maior parte das zonas de conflito africanas, são o resultado de um desequilíbrio nas relações humanas. Por conseguinte, é necessário encontrar uma solução que aborde a raiz do conflito, porque os julgamentos não podem ter em conta todas estas nuances. O recurso ao CSNU pode conduzir a acções penais e, por

[111] Gray C.B. (ed) *The Philosophy of Law-An Encyclopaedia,* (1999), 164.

conseguinte, a uma aplicação incorrecta da justiça numa situação em que esta não é a solução adequada.

3.4.0. A relevância da relação entre o CSNU e o CCI :

A relação entre o CSNU e o CCI não é indesejável em absoluto. Utilizando o modelo de justiça distributiva/restaurativa e a África como estudo de caso, os parágrafos seguintes ilustram a relevância da relação entre o CSNU e o CCI.

[112][113]A justiça distributiva/reparativa, enquanto parte da justiça social, reconhece que o conflito resulta da concorrência. Quando se atinge o equilíbrio entre duas ou mais reivindicações concorrentes, o conflito cessa. A manutenção deste equilíbrio conduz necessariamente a uma coexistência pacífica entre os povos. Um estudo rápido das sociedades africanas que emergem de conflitos revela uma afinidade notável com uma solução baseada na justiça distributiva/restaurativa. A situação no Ruanda ilustra este facto. [114]Roméo Dallaire argumentou que havia um desequilíbrio de poder entre os *Hutus* e os *Tutsis*. Os recursos não eram partilhados equitativamente entre estas tribos concorrentes. [115]Afirma também que os *Hutus* mataram os *Tutsis* porque eles (os Hutus) acreditavam, *entre outras coisas, que* os *Tutsis* iam apoderar-se ou tinham-se apoderado das terras e propriedades dos *Hutus* . O genocídio que se seguiu foi, portanto, a manifestação de um desequilíbrio nas relações humanas e não a alegada agressividade natural da humanidade que exige punição criminal. [116]O utilitarismo, uma

[112] Diz respeito às obrigações da comunidade para com o indivíduo e exige uma distribuição justa dos benefícios comuns e uma partilha dos encargos comuns.
[113] Diz respeito às obrigações do indivíduo para com a comunidade e o seu objetivo é o bem comum, ver Nolan R J e Nolan-Haley, MJ 'Black's Law Dictionary'-With Pronunciations, 6th Ed. P 864.
[114] Comandante da força da UNAMIR, a Missão de Assistência das Nações Unidas para o Ruanda, 1994.
[115] Dallaire, R. "Shake Hands with the Devil", um documentário sobre o genocídio ruandês exibido na 15ª comemoração do genocídio ruandês realizada no CPUT em Capetown a 11 de abril de 2009, disponível na Embaixada do Ruanda na RSA.
[116] Gray, C. B. *The Philosophy of the Law - An Encyclopaedia,* 221.

componente da justiça distributiva/restaurativa, centra-se na maximização do bem geral da comunidade e, nestas sociedades pós-conflito, é a melhor filosofia a adotar. Além disso, argumenta-se que o sentido de justiça africano é mais semelhante a esta justiça distributiva/social.

A filosofia africana foi sucintamente descrita como *"Umuntu ngubuntu ngabantu" ("Eu* sou porque nós somos"). Esta abordagem comunitária apoia o argumento de que a justiça retributiva pode ser estranha a África. [117]Em primeiro lugar, os sistemas jurídicos africanos estipulam que as leis são instrumentos de conciliação, compromisso, consenso e reconciliação. Este preceito pressupõe que os conflitos e os crimes são o resultado de uma rutura nas relações humanas. A situação deve, portanto, exigir o restabelecimento dos laços comunitários. O TPI pode ser impotente para estabelecer a paz neste domínio.

Em segundo lugar, a lei numa situação africana transcende a esfera do indivíduo e dirige-se à personalidade do grupo. [118]A lei é aceite porque é incorporada em usos e práticas amplamente aceites sob a forma de pactos e costumes. O desejo de *unidade* está implícito neste princípio. Quando se permite que alguém se vingue, esta *unidade* desaparece e pode seguir-se um ciclo de violência, como disse Mahatma Gandhi: "Olho por olho cega o mundo inteiro". É esta unidade que gera a paz através da reconciliação, daí a afirmação de que a paz primeiro, a justiça (estrangeira) depois.

[119]Consequentemente, quando o TPI se aplica a uma situação como esta, o Conselho de Segurança das Nações Unidas pode suspender o processo, o que permite que a justiça seja vista como um conceito mais amplo que

---

[117] Kamunde, N. *'A JURISPRUDENTIAL ANALYSIS OF LAW, MORALITY, AND GENOCIDE: O DIREITO NUMA SOCIEDADE PÓS-GENOCÍDIO",* 14.

[118] Kamunde, N A 'JURISPRUDENTIAL ANALYSIS OF LAW, MORALITY, AND GENOCIDE : O DIREITO NUMA SOCIEDADE PÓS-GENOCÍDIO", 14.

[119] Através de um pedido do Estado Parte ou de uma ação *proprio motu* do Procurador.

envolve outras práticas não jurídicas. Isto deixa tempo para aplicar soluções locais às situações. [120]Um exemplo prático seria a suspensão do processo contra Joseph Kony para permitir a aplicação da prática local de *mato oput*. [121]Este é o sentido africano de justiça segundo o qual o infrator expia, aceita pagar uma indemnização e, finalmente, como sinal de reconciliação, partilha uma raiz amarga com a vítima. Tratar-se-ia de uma aplicação da justiça social e conciliatória mais próxima do contexto africano e facilitada pelo procedimento de adiamento do Conselho de Segurança da ONU.

3.5.0. Conclusão:

Graças aos regimes de reenvio e de adiamento, o TPI pode ser utilizado como um instrumento de manutenção da paz internacional, apesar dos problemas que isso implica. No entanto, as desvantagens parecem ser superiores às vantagens. Nesta situação, são necessárias reformas para garantir que os aspectos positivos dos regimes não sejam ofuscados pelos negativos. [122]É por esta razão que o próximo capítulo se centrará na necessidade de reforma para permitir que a relação TPI/CCSN se transforme em comensalismo ou, no mínimo, em mutualismo.[123]

---

[120] Trata-se de uma cerimónia tradicional de purificação que muitos *Acholi* do Uganda acreditam poder trazer uma verdadeira cura, ao contrário do que acontece com o sistema de justiça formal. Os infractores são integrados na comunidade depois de participarem na cerimónia. <http://www.c-r.org/our-work/accord/northern-uganda/reconciliation- >justice.php Ver Barney Afako "Reconciliation and justice: 'Mato oput' and the Amnesty Act" disponível em acedido em 7th de maio de 2009.

[121] Um relatório independente de Tim Allen WAR AND JUSTICE IN NORTHERN UGANDA: AN ASSESSMENT OF THE INTERNATIONAL CRIMINAL COURT'S INTERVENTION fevereiro de 2005,P67 Acesso em < http://www.crisisstates.com/download/others/AllenICCReport.pdf> em 7th de maio de 2009

[122]Uma relação em que uma parte beneficia mais do que a outra e a outra não é prejudicada. Ver Symbiotic relationship- examples Acedido em http://www.cals.ncsu.edu/course/ent591k/symbiosis.html a 11 de outubro de 2009. Neste caso, o TPI pode ser o beneficiário.

[123]Trata-se de uma relação em que ambas as partes beneficiam igualmente e nenhuma é prejudicada. Ver Relações simbióticas - exemplos Acedido em http://www.cals.ncsu.edu/course/ent591k/symbiosis.html a 11 de outubro de 2009.

CAPÍTULO 4

4.0. Para a criação de um Tribunal ideal

4.1.0 Introdução :

Como vimos no último capítulo, a relação entre o TPI e o CSNU suscita tanto críticas como apreciações. No entanto, as críticas parecem superar as apreciações. O objetivo deste capítulo é sugerir formas de reformar estas relações. Em primeiro lugar, sugere-se a modificação do regime de reenvio através do estabelecimento de uma regra de *reserva de jurisdição*. Em seguida, propõe-se a domesticação do regime de adiamento através da dissecação do Artigo 16º do Estatuto de Roma. Finalmente, será sugerida a introdução de um sistema de "pedido/movimento".

4.2.0. Modificação do sistema de referenciação :

4.2.1. A regra da reserva de jurisdição.

O TPI é um órgão especializado responsável pela aplicação da justiça internacional. Foi criado pelos Estados-Membros para "assegurar o respeito duradouro e a aplicação da justiça internacional" 1[24]. [124125]Embora os sistemas nacionais tenham primazia sobre a ação penal contra os crimes internacionais ao abrigo da regra da complementaridade, o TPI pode ser visto como um cão de guarda. [126]Quando os Estados não querem ou não podem exercer a ação penal, o TPI assume o controlo. Por conseguinte, é razoável dizer que o TPI é um cão de guarda da justiça internacional. [127]No entanto, o TPI só pode ser um órgão de controlo dos Estados Partes no Estatuto de

[124] Estatuto de Roma, preâmbulo, para. 11.
[125] Estatuto de Roma, preâmbulo, parágrafo. 10.
[126] Estatuto de Roma Estatuto de Roma, art. 17(a).
[127] Estatuto de Roma Estatuto de Roma, art. 12.

Roma e de outros Estados que se submetam à jurisdição do Tribunal. [128][129]A sua competência territorial e a sua jurisdição nacional são limitadas. Só trata de crimes cometidos no território e/ou envolvendo nacionais dos Estados Partes no Estatuto de Roma e dos Estados que se submetem à sua jurisdição. [130]Esta tendência a favor dos princípios da territorialidade e da personalidade "cria lacunas significativas na jurisdição do Tribunal".

[131]As resoluções do Conselho de Segurança das Nações Unidas são vinculativas para todos os Estados membros da Carta das Nações Unidas. Uma dessas resoluções pode consistir em submeter um Estado à jurisdição do TPI, a fim de manter a paz internacional. Com a ajuda de uma resolução do CSNU ao abrigo do Capítulo VII da Carta, a jurisdição limitada do TPI pode ser alargada a Estados que não são membros do Estatuto de Roma.

Em resumo, o TPI tem três níveis de jurisdição. O primeiro é a jurisdição baseada em tratados, que se aplica a todos os Estados membros do Estatuto de Roma. O segundo é a jurisdição submetida pelos Estados, na qual os Estados que não são membros do Estatuto de Roma se submetem voluntariamente à jurisdição do Tribunal. A terceira, que é relevante para o debate, é a jurisdição aplicada pelo CSNU. Trata-se da jurisdição de reserva. Para dar sentido ao Estatuto do TPI como guardião da justiça penal internacional e para acabar com a duplicação de papéis e a colisão de meios, como vimos acima, é necessário melhorar a posse desta jurisdição de reserva e o envolvimento do CSNU neste domínio. São as seguintes as sugestões que se perspectivam.

---

[128] Estatuto de Roma Estatuto de Roma, art. 12°, parágrafo 2 (a).
[129] Estatuto de Roma Estatuto de Roma, art. 12°, parágrafo 2 (b).
[130] Werle, *Principles of International Criminal Law*, 21, nota marginal 64.
[131] Ver Carta das Nações Unidas, art. 25.

4.2.1.1. Incluir a prioridade no artigo 13:

O artigo 13.º do Estatuto de Roma prevê, em primeiro lugar, a apresentação de pedidos de indemnização por parte dos Estados. Seguem-se os recursos do CSNU. Por último, está prevista a ação *proprio motu* do Procurador. Propõe-se que os artigos sejam enumerados por ordem de prioridade. Em conformidade com a regra da complementaridade ( ), os Estados têm a primazia na ação penal contra os crimes internacionais. Quando não podem exercer a ação penal, têm a possibilidade de recorrer a um Estado. A alínea a) é, por conseguinte, adequada.

[132]O segundo membro, por ordem de prioridade, deve ser o Procurador que actua *proprio motu* . [133]É neste caso que o Procurador recebe informações sobre a prática de crimes da competência do Tribunal e abre um inquérito. Este número justifica-se pelo facto de os governos poderem, por vezes, manter o silêncio sobre violações flagrantes dos direitos humanos, o que favorece a impunidade. O Procurador está autorizado a quebrar este muro de silêncio e a dar início a um processo de justiça. Por conseguinte, a alínea c) do nº 13 deve passar a ser a alínea b) do nº 13.

O último aspeto, por ordem de prioridade, deverá ser o recurso ao Conselho de Segurança das Nações Unidas. É de notar que os dois aspectos acima referidos dizem respeito aos Estados-Membros ou aos Estados sujeitos à jurisdição do Tribunal. Por outras palavras, dizem respeito à competência territorial e nacional limitada do Tribunal. A alínea c) do n.º 13 deverá, por conseguinte, alargar este âmbito de competência e tratar da situação em que os Estados em causa não são partes no Estatuto de Roma. Este deve ser o parágrafo que confere competência de reserva ao TPI.

---

[132] Estatuto de Roma, art. 13º (c). Ver também o art. 15.
[133] Estatuto de Roma, art. 15.

4.2.2. Importância da regra *de reserva de jurisdição*

A inclusão da prioridade no artigo 13º facilitará a aplicação da *regra da reserva de jurisdição*. Se esta abordagem for adoptada, serão colmatadas várias lacunas na relação entre o CSNU e o TPI, como se segue;

4.2.2.1. Apagar a aparência de politização :

A regra da reserva de jurisdição permite ao Conselho de Segurança das Nações Unidas remeter casos para o TPI apenas nos casos em que o TPI não tem jurisdição. A ação do Conselho de Segurança das Nações Unidas estará, assim, isenta de qualquer aparência de politização. O motivo da ação será claramente o de atribuir ao TPI jurisdição em casos que vão para além dos previstos no artigo 12º do Estatuto de Roma. [134]No entanto, isto não deve fazer esquecer a ameaça crescente de seletividade na abordagem da comunidade internacional aos crimes internacionais. O Conselho de Segurança das Nações Unidas poderia continuar a atribuir competência ao TPI apenas como um instrumento político contra as pessoas desfavoráveis aos membros do Conselho de Segurança. Apesar deste perigo constante, a regra da reserva de jurisdição permitirá ao TPI beneficiar de um nível significativo de legitimidade e de independência.

4.2.2.2. Acabar com a duplicação de funções :

A missão do Procurador do TPI consiste em controlar, investigar e julgar os crimes previstos no Estatuto de Roma. [135]Os crimes abrangidos pelo Estatuto de Roma envolvem, na maioria das vezes, situações em que a paz internacional é violada e os Estados Partes no Estatuto de Roma

---

[134] Phillipe, X, "The Principles of Universal Jurisdiction and Complementarity: How do these Principles Intermesh?", *398.* http://journals.cambridge.org

[- 40 -]

[135] Estatuto de Roma, Preâmbulo, parágrafo 3. 3.

reconhecem que "os crimes graves ameaçam a paz, a segurança e o bem-estar do mundo". Do mesmo modo, o Conselho de Segurança das Nações Unidas é responsável pela adoção de medidas para garantir a paz e a segurança internacionais. O CSNU pode igualmente recorrer a medidas judiciais para atingir este objetivo. Assim, são criados dois órgãos responsáveis por uma única função: manter a paz internacional através do método da justiça. Esta função é dividida em duas pela aplicação da regra da *reserva de jurisdição.* O Procurador do TPI ocupa-se dos casos que são da competência do Estatuto de Roma e o CSNU ocupa-se dos casos que não são da competência do Procurador por incompetência.

Este argumento tem várias vantagens. Demonstra efetivamente o papel do Conselho de Segurança das Nações Unidas ( ) como guardião da paz internacional, prestando assistência ao TPI nos domínios em que este não tem competência. Em segundo lugar, a abordagem é justificada pela atribuição de competência ao Tribunal. O facto de o Conselho de Segurança das Nações Unidas estar a intervir numa situação em que o TPI interviria por si próprio cheira a uma dupla traição. Em terceiro lugar, confere ao Tribunal uma jurisdição quase global. [136]A atribuição de jurisdição ao CSNU vinculará todos os Estados membros da ONU, alargando assim o alcance dos tentáculos do TPI àqueles que são meros signatários ou Estados terceiros.[137]

4.2.3. Um apelo à alteração do artigo 13:

Tal como acima indicado, o artigo 13º deverá ser redigido por ordem de prioridade. Para além disso, o parágrafo (c) que trata do encaminhamento

---

[136] Ver Carta das Nações Unidas, art. 25: Os membros das Nações Unidas concordam em aceitar e executar as decisões do Conselho de Segurança em conformidade com a presente Carta.

[137] Em 15 de outubro de 2009, a Carta das Nações Unidas contava com 192 Estados Membros. Ver o sítio Web http://www.un.org/News/Press/docs/2006/org1469.doc.htm), enquanto o Estatuto de Roma conta com 110 partes (139 signatários). Ver também http://treaties.un.org/Pages/ViewDetails.aspx?src=TREATY&mtdsg_no=XVIII-10&chapter=18&lang=en.

para o CSNU deverá incluir uma cláusula adicional que consagre a regra da *reserva de jurisdição.* Sugere-se, por conseguinte, que o artigo 13º do Estatuto de Roma seja alterado da seguinte forma;

O Tribunal poderá exercer a sua competência relativamente a um dos crimes referidos no artigo 5º, de acordo com as disposições do presente Estatuto, se :

- Uma situação em que um ou mais desses crimes pareçam ter sido cometidos será submetida ao Procurador por um Estado Parte, em conformidade com o artigo 14º ;
- O Ministério Público abriu um inquérito sobre este crime, em conformidade com o artigo 15º ;
- Uma situação em que um ou mais destes crimes pareçam ter sido cometidos é submetida ao Procurador pelo Conselho de Segurança, actuando ao abrigo do Capítulo VII da Carta das Nações Unidas. **Tal remessa só será efectuada quando o Tribunal não for competente nos termos do artigo 12º do Estatuto**. [cláusula adicional em negrito].

Esta alteração garantirá que, sempre que o Conselho de Segurança das Nações Unidas atuar ao abrigo do Capítulo VII da Carta das Nações Unidas, as suas intenções não serão motivadas por considerações políticas e servirão apenas os interesses da justiça, concedendo ao TPI uma jurisdição alargada.

4.3.0. Aderir ao sistema de adiamento :

[138][139]Os antecedentes da criação do regime de adiamento revelam que as considerações políticas tiveram mais peso do que as jurídicas. No contexto

[138] Ver Triffterer (ed) *Commentary on the Rome Statute of the International Criminal Court,* (1999) (2(nd)) Ed), Artigo 16º, notas marginais 1 e 2.
[139] Triffterer (ed) *Commentary on the Rome Statute of the International Criminal Court*, (1999) (2(nd)) Ed), Artigo 16, nota marginal 7.

do presente debate, o regime oferece ao Conselho uma "oportunidade sem precedentes de influenciar o trabalho de um órgão judicial" [139]. Enquanto órgão externo, o Conselho de Segurança das Nações Unidas interrompe unilateralmente os procedimentos judiciais. Seguem-se algumas sugestões sobre a forma de domar o regime, a fim de inspirar legitimidade internacional.

4.3.1. Desembalagem do artigo 16 :

O artigo 16º do Estatuto de Roma diz respeito ao início e à condução de investigações e acções penais. Este artigo estabelece o seguinte:

Nenhuma investigação ou processo poderá ser iniciado ou conduzido ao abrigo do presente Estatuto durante um período de doze meses após o Conselho de Segurança, através de uma resolução adoptada nos termos do Capítulo VII da Carta das Nações Unidas, ter solicitado ao Tribunal que o faça; este pedido pode ser renovado pelo Conselho nas mesmas condições.

O artigo autoriza a interrupção das investigações e dos procedimentos penais. Isto não tem em conta o facto de as investigações e os procedimentos penais não serem um único e mesmo exercício. Também não tem em conta o envolvimento do Tribunal como parte interessada na fase da ação penal. Sugere-se, por conseguinte, que o artigo seja dividido em três alíneas distintas. O primeiro deve tratar do adiamento da abertura ou do andamento das investigações. O segundo deve tratar do adiamento do início do processo.

Um terceiro parágrafo deve tratar do adiamento do andamento do processo.

A lógica do desempacotamento do artigo é a seguinte. O Ministério Público tem uma dupla função. Tem funções de investigação, por um lado, e funções de ação penal, por outro. A função de investigação é uma função não judicial, enquanto a função de ação penal é uma função judicial. Em segundo lugar, a função de investigação é uma função anterior à ação penal. [140][141]As investigações são do domínio do Ministério Público e não envolvem o próprio tribunal. Em contrapartida, a ação penal, que também é da responsabilidade do Ministério Público, envolve o tribunal propriamente dito. É por estas razões que as duas funções são diferenciadas no artigo. O pressuposto desta afirmação é que a máquina judiciária do tribunal só começa a funcionar depois de o Ministério Público se ter dirigido ao tribunal propriamente dito, quer com um pedido de mandado de captura, quer com a dedução de acusação.

Tendo em conta o que precede, sugere-se, por conseguinte, que o primeiro parágrafo mantenha a competência do CSNU para adiar o início ou a realização de um inquérito, do seguinte modo

1. Nenhuma investigação poderá ser iniciada ou continuada ao abrigo do presente Estatuto durante um período de doze meses após o Conselho de Segurança, através de uma resolução adoptada nos termos do Capítulo VII da Carta das Nações Unidas, ter solicitado ao Tribunal que o faça; esse pedido pode ser renovado pelo Conselho nas mesmas condições. Poderia ser redigido da seguinte forma;

2. Não poderá ser instaurado qualquer processo ao abrigo do presente Estatuto durante um período de doze meses a contar da data em que o Conselho de Segurança, através de uma resolução adoptada nos termos do Capítulo VII da Carta das Nações Unidas, tenha solicitado ao Tribunal que o faça; esse pedido poderá ser renovado pelo Conselho nas mesmas condições.

---

[140] Estatuto de Roma, Artigo 42, parágrafo 1.

[141] As secções judiciais são a Divisão de Recursos, a Divisão de Julgamento e a Divisão de Pré-Julgamento. Ver Estatuto de Roma, artigo 34.

4.3.2. Pedido/moção de adiamento :

Os processos judiciais só podem ser interrompidos internamente e por outro processo judicial legítimo. A interferência externa ameaça a independência judicial. Uma vez iniciado o julgamento por um procurador penal, o processo só pode ser interrompido pela retirada da acusação pelo Ministério Público ou pela absolvição e condenação dos suspeitos pelo tribunal. Estes mecanismos *de paragem* ilustram o respeito da independência e da legitimidade de um órgão judicial. Asseguram que só são apresentadas razões juridicamente pertinentes para a paragem da máquina judiciária. [142]O mecanismo de adiamento/continuidade, que pode ser comparado ao adiamento, é pertinente para o presente debate. Um adiamento é uma questão sobre a qual o tribunal deve decidir à luz de uma explicação adequada do contexto em que o pedido é apresentado. [143]O tribunal espera receber uma explicação dos motivos de um pedido de adiamento ou de um adiamento do julgamento. Os órgãos judiciais, em virtude da sua autoridade para ouvir e decidir os casos, têm um poder discricionário inerente para permitir ou recusar adiamentos. [144]Um tribunal concederá um adiamento quando o pedido revelar motivos suficientes para um erro judiciário. [145]O tribunal terá em conta todos os factos e circunstâncias do caso - em particular a boa fé do requerente, a justificação e a necessidade do adiamento, o ganho provável que pode resultar do adiamento e a possibilidade de prejudicar os direitos de outras partes interessadas . Em suma, os interesses da justiça são uma consideração

[142] O adiamento de uma ação pendente num tribunal para uma data posterior na mesma ou noutra sessão do tribunal, concedido por um tribunal em resposta a uma moção ou pedido feito por uma parte num processo. Ver West's Encyclopedia of American Law. Disponível em 21 de outubro de 2009 no seguinte http://www.answers.com/topic/continuanceendereço:

[143] Ver Practice Note 1, 2004 Adjournment and postponement of trials in the high court of Justiciary publicada pelo Scottish Court. Acedido em 21 de outubro de 2009 em: http://www.scotcourts.gov.uk/justiciary/practicenotes/pn01_2004.pdf

[144] Ver West's Encyclopedia of American Law. Disponível em 21 de outubro de 2009 no seguinte http://www.answers.com/topic/continuanceendereço:

[145] Ver West's Encyclopedia of American Law. Disponível em 21 de outubro de 2009 no seguinte http://www.answers.com/topic/continuanceendereço:

válida em tais pedidos.

Sugere-se que a prática acima descrita seja aplicada ao regime de adiamento. [146]Na Conferência de Roma, a Dinamarca insistiu em que, para além da existência de um tribunal penal internacional, os Estados devem assegurar que o TPI actue da mesma forma que os sistemas judiciais nacionais devem atuar. O sistema de requerimento/moção tem por objetivo respeitar a independência e a imparcialidade do poder judicial. Tem igualmente em conta a existência de múltiplas partes interessadas no sistema judicial, uma consideração que é mais relevante a nível internacional. Os direitos das vítimas de crimes internacionais são sublinhados no direito penal internacional.[147]

Para seguir o exemplo nacional, o terceiro parágrafo do artigo 16º deveria introduzir a noção de *"requerimento"* ou *"pedido de adiamento".* Tal permitirá que o tribunal adopte procedimentos de adiamento como exemplo de um mecanismo de *suspensão*. O parágrafo teria a seguinte redação

1. O Conselho de Segurança das Nações Unidas tem o poder, através de uma resolução adoptada ao abrigo do Capítulo VII da Carta das Nações Unidas, de solicitar ao Tribunal que suspenda o processo por um período de doze meses. Esse pedido é efectuado através de um requerimento apresentado ao Tribunal pelo Procurador e pode ser renovado pelo Conselho nas mesmas condições".

Este artigo permitiria ao Conselho de Segurança da ONU solicitar um adiamento ao tribunal. Também daria ao tribunal a opção de aceitar ou recusar o pedido. O tribunal terá a discrição e a independência de que

---

[146] www.un.org./icc/pressrel/1rom15.htm.

[147] A participação das vítimas e a proteção dos seus direitos constituem uma parte importante das considerações do Tribunal no seu trabalho. O Estatuto de Roma está repleto de referências às vítimas, como se pode ver, *entre outros,* nos artigos 15º (3), 19º (3), 43º (6), 53º (1) (c), 53º (2). 15(3), 19 (3), 43 (6), 53 (1)(c), 53 (2)(c), 54 (1)(b), 68.

qualquer órgão judicial necessita para a sua própria legitimidade.

4.4.0. Conclusão:

A atual relação entre o TPI e o CSNU é útil, mas não é satisfatória. É útil na medida em que permite ao Tribunal exercer a sua jurisdição em casos não abrangidos pelo artigo 12º. É insatisfatória na medida em que perpetua a impunidade. [148][149]Viola igualmente os princípios da complementaridade e do *pacta tertiis nec nocent nec prosunt* . Neste contexto, a independência e a legitimidade do poder judicial ficam comprometidas. Por conseguinte, foi sugerido que a remessa pelo CSNU deveria ser reservada para os casos sobre os quais o TPI não tem jurisdição. No que respeita às remessas, o CSNU deverá manter a competência para decidir sobre a abertura e a condução das investigações. Deverá igualmente manter a competência para decidir sobre a instauração de acções penais. No entanto, uma vez iniciados os processos, o CSNU só deverá poder suspendê-los mediante pedido e decisão do tribunal. Tal garantirá a independência judicial, uma vez que é o próprio tribunal que tomará a decisão de suspender o processo.

---

[148] Os tribunais nacionais têm primazia no julgamento de crimes internacionais.
[149] Um tratado não cria obrigações ou direitos para um Estado terceiro sem o seu consentimento. Ver as Convenções de Viena sobre o Direito dos Tratados, art. 34.

CAPÍTULO 5

5.0. Conclusões e recomendações :

5.1.0. Visão geral :

Nos termos do Capítulo VII da Carta das Nações Unidas, o Conselho de Segurança das Nações Unidas pode adotar uma resolução que remeta uma situação para o TPI para eventual investigação e ação penal. Ao abrigo dos mesmos poderes, o CSNU pode também solicitar ao Tribunal que adie o processo. Isto deve-se ao facto de a manutenção da paz internacional ser uma função multifacetada. Pode ser ajudada por acções penais e investigações. Também pode ser prejudicada por investigações e acções penais. Por conseguinte, o CSNU, enquanto órgão encarregado desta função, deve ter tanto o poder de remeter como o poder de suspender os processos. No entanto, um olhar mais atento a esta dupla função revela que o tribunal pode ser reduzido a um fantoche político do CSNU.

Por conseguinte, o presente documento analisou de forma crítica a relação entre o TPI e o Conselho de Segurança das Nações Unidas, à luz da utilização que este último faz do TPI como instrumento para cumprir o seu mandato ao abrigo do Capítulo VII da Carta das Nações Unidas. Para o efeito, analisámos de perto os regimes de remessa e de adiamento criados pelo Estatuto de Roma, uma vez que são estes os mecanismos que permitem ao CSNU utilizar o TPI na sua missão de manter a paz internacional. No centro do estudo está a afirmação de que a relação entre os dois organismos é útil mas insatisfatória. Para além de analisar criticamente esta relação, o documento também sugere formas de a melhorar para que o Tribunal possa manter a sua independência, imparcialidade e legitimidade judiciais.

As conclusões do estudo são apresentadas a seguir, seguidas de um resumo das recomendações do sítio Web.

5.2.0. Conclusões:

5.2.1. O esquema de referência :

O Estatuto de Roma permite que o Conselho de Segurança das Nações Unidas submeta situações à atenção do Procurador do TPI para eventual investigação e ação penal. O regime de remessa é formulado em termos que disfarçam o controlo do CSNU sobre um tribunal que necessita de independência e legitimidade. Como parte da relação, o regime de remessa lança dúvidas sobre o estatuto do Tribunal como um tribunal penal internacional independente, capaz de tomar as suas próprias decisões e escolhas.

O Conselho de Segurança das Nações Unidas, mandatado pelo Capítulo VII da Carta das Nações Unidas, tem poderes imensos, de tal forma que o facto de remeter uma situação para o TPI constitui uma acusação criminal disfarçada. O Tribunal tem pouco a fazer, a não ser encontrar alguns suspeitos para julgar, porque o facto de não o fazer refletir-se-á no CSNU e mostrará que a sua decisão de remessa está manchada de má fé. Em termos simples, uma remessa é uma ordem disfarçada. Por conseguinte, priva o tribunal dos elementos vitais de independência e discrição. A ausência destes elementos torna o tribunal redundante num mundo em que todos observam o trabalho do tribunal, para não falar da suspeita que o rodeia.

No entanto, o sistema de reenvio tem a vantagem de conferir ao Tribunal competência penal fora do âmbito do artigo 12º do Estatuto de Roma. Esta competência é essencial para a atividade do Tribunal, como vimos acima.

5.2.3. Regime de diferimento :

O segundo aspeto da relação entre o CSNU e o TPI é o regime de adiamento. De acordo com este regime, o CSNU tem o poder de suspender os procedimentos perante o Tribunal. As investigações e as acções penais podem ser interrompidas tanto antes como depois de terem começado ( ). Este é, por conseguinte, o braço que exerce um poder imenso e é, em última análise, o mais devastador para a independência e a legitimidade do Tribunal enquanto órgão judicial.

Há vários problemas com este sistema. Em primeiro lugar, o Conselho de Segurança das Nações Unidas adopta simplesmente uma resolução e o Tribunal interrompe o processo por sua própria iniciativa. O Tribunal não tem escolha e não tem voto na matéria que o Conselho de Segurança das Nações Unidas apresenta. Isto constitui uma erosão da independência e do poder discricionário do Tribunal. Em segundo lugar, o pedido é uma ordem disfarçada. O CSNU decide e o Tribunal obedece. Trata-se de uma erosão da legitimidade do Tribunal enquanto órgão verdadeiramente judicial, e o Tribunal é apresentado como um instrumento político nas mãos do CSNU, cuja representação é desequilibrada. Em terceiro lugar, o regime pode perpetuar a impunidade numa altura em que essa opção não existe para os crimes sob a jurisdição do TPI. O Conselho de Segurança poderia suspender os processos judiciais que são atualmente considerados como o limiar internacional para lidar com atrocidades graves, tal como previsto no Estatuto de Roma. Isto é contraproducente à luz dos progressos efectuados na tentativa de livrar o mundo de atrocidades que ofendem toda a humanidade.

Apesar das desvantagens acima referidas, o regime de adiamento pode ter efeitos positivos. Pode encorajar a aplicação de soluções locais para as atrocidades. Estas podem ser essenciais para uma paz duradoura. [150]Um

---

[150] *Mato Oput* significa literalmente 'beber a raiz amarga de uma árvore *oput*'. De acordo com

bom exemplo é o apelo ao adiamento da acusação de Joseph Kony e à introdução da prática *do mato oput* pela população local do Uganda. Há quem defenda que esta é a única forma de alcançar uma paz duradoura no Uganda.[151]

5.3.0. Recomendações :

luz das conclusões acima expostas, pode argumentar-se que a relação entre o TPI e o Conselho de Segurança das Nações Unidas permite um nível ameaçador de interferência no trabalho do Tribunal, tudo sob o pretexto de manter a paz internacional. A independência judicial está comprometida e a legitimidade internacional do Tribunal está seriamente ameaçada. Esta relação também torna o Tribunal vulnerável à politização por parte do Conselho de Segurança das Nações Unidas. Estas são as razões imperiosas pelas quais esta relação tem de ser controlada ou melhorada. Os parágrafos que se seguem resumem, portanto, várias formas de domesticar e melhorar a relação entre o CSNU e o TPI, de modo a torná-la mais útil e satisfatória.

5.3.1. O esquema de referência :

O Conselho de Segurança das Nações Unidas é provavelmente o órgão político mais poderoso do mundo. Exerce uma influência imensa no domínio da política internacional, de tal forma que se pode dizer que está no centro

---

Oketta, simboliza o fim de uma relação amarga entre duas comunidades de clãs ou famílias de infractores e ofendidos. Ver *Acholi want more prominent role for Mato Oput.* Obtido em 19 de outubro de 2009, de
http://www.ugpulse.com/articles/daily/Heritage.asp?about=Acholi+want+more+prominent+role+for+Mato+Oput&ID=1025

[151]Barney Afako (2002) afirma que :
"Os custos inaceitáveis da guerra civil levaram os ugandeses a reavaliar a sua abordagem à resolução de conflitos. Entre o povo Acholi do Norte do Uganda, a experiência amarga de um conflito interminável levou a um empenhamento notável na reconciliação e na resolução pacífica do conflito, em vez de apelar a represálias contra os autores de abusos graves... Este pedido de amnistia foi sustentado pela sua fé na capacidade da comunidade e das instituições culturais para gerirem uma reconciliação efectiva, mesmo no contexto de crimes graves". Ver *Joseph Yav Katshung "Mato Oput* versus o Tribunal Penal Internacional (TPI) no Uganda". Disponível em Pan African Voices for Freedom and Justice -Pambazuka News, http://www.pambazuka.org/en/category/comment/37403

das Nações Unidas. Por conseguinte, o Tribunal tem tudo a ganhar com uma relação com este órgão. No entanto, quando o CSNU procede a uma remessa, não o deve fazer em situações em que o Procurador ou os Estados Partes, actuando por si próprios, o fariam. O poder de remessa do CSNU deve, portanto, ser um mecanismo de *reserva de jurisdição* e só deve ser usado com o objetivo de conferir jurisdição ao tribunal. A remessa deve, portanto, ser uma atribuição de jurisdição e não uma colocação de uma situação no sistema judicial, como permite o sistema atual.

Para facilitar a sugestão acima referida, o artigo 13.º do Estatuto de Roma deve ser alterado de modo a poder atribuir prioridade aos mecanismos de acionamento. Não deve ser uma ordem de importância, mas uma ordem de utilização. Isto estará em conformidade com o princípio da complementaridade. É o Estado Parte no Estatuto que tem a primazia no julgamento dos crimes previstos no Estatuto de Roma. O Estado é assistido pelo Procurador do TPI, que actua quando o Estado não quer ou não pode fazê-lo. O Procurador também actua por iniciativa própria. O Procurador também actua por sua própria iniciativa. A terceira deve ser o recurso ao Conselho de Segurança das Nações Unidas. Este só deve ser acionado quando o Estado não actua ou não pode atuar e o Procurador não pode agir por falta de jurisdição. Isto é vantajoso para a imagem internacional do TPI, porque as razões do Conselho de Segurança da ONU para remeter a situação serão apenas para conferir jurisdição ao Tribunal e nada mais.

5.3.2. Regime de diferimento :

Enquanto instituição judicial, o TPI deve ser independente. Esta independência pode ser demonstrada
manifestada pela não ingerência nos seus procedimentos por parte de qualquer outro órgão externo
incluindo o Conselho de Segurança da ONU. O regime de adiamento que

permite ao CSNU interromper as investigações e os processos é contrário a este ideal.

O regime de adiamento que permite ao CSNU interromper as investigações e os procedimentos penais é contrário a este ideal. O CSNU deve

Por conseguinte, o CSNU só deveria poder suspender as investigações durante um período de tempo específico. Isto vai contra

Ao contrário da situação atual, em que o CSNU pode adiar investigações e acções penais por períodos indefinidos de 12 meses cada.

O que precede deveria aplicar-se igualmente aos procedimentos penais antes do seu início.

Uma vez iniciados os processos, o CSNU não deveria poder interrompê-los simplesmente adoptando uma resolução. Se a prática dos tribunais nacionais serve de exemplo, o poder executivo, que pode ser equiparado ao CSNU, não pode simplesmente decidir no Conselho de Ministros parar o processo em curso. A prática normal é pedir ao tribunal um adiamento ou uma continuação. Esta prática radica num profundo respeito pelo carácter judicial dos tribunais. Demonstra igualmente a independência do poder judicial, uma vez que este pode decidir sobre o adiamento ou a prorrogação. A mesma prática deveria ser aplicada ao TPI. O CSNU deveria solicitar ao procurador do TPI que apresentasse um pedido/moção de adiamento. O tribunal deve ser autorizado a decidir se o concede ou não. Desta forma, a independência judicial será encorajada. O presente documento solicita, por conseguinte, que o artigo 16º do Estatuto de Roma seja alterado de modo a refletir as sugestões acima referidas.

6. EPÍLOGO

A relação entre o Conselho de Segurança das Nações Unidas e o Tribunal Penal Internacional (TPI) constitui uma oportunidade de sucesso e de fracasso para o TPI. Sendo um novo organismo na cena internacional, o TPI tem de adquirir legitimidade e independência se quiser ganhar respeito e cooperação. Deve ser um organismo internacional independente que atinja os seus objectivos, tal como definidos no Estatuto de Roma. Não cabe ao TPI ajudar o Conselho de Segurança da ONU a atingir os seus objectivos políticos. Pelo contrário, é o CSNU que deve promover os objectivos do TPI, atribuindo-lhe jurisdição e permitindo-lhe ser independente. O envolvimento do TPI no Conselho de Segurança das Nações Unidas não deve, por conseguinte, fazer descarrilar as boas intenções dos redactores do Estatuto de Roma.

BIBLIOGRAFIA

Fontes primárias

Tratados/Convenções

1. Estatuto de Roma do Tribunal Penal Internacional, de 17 de julho de 1998.
2. A Carta das Nações Unidas de 26 de junho de 1945.
3. O Pacto da Sociedade das Nações de 28 de abril de 1919.
4. O Acordo de Londres de 8 de agosto de 1945.
5. Constituição do Tribunal Militar Internacional 8$^{(th)}$ de agosto de 1945.
6. Estatuto do Tribunal Penal Internacional para o Ruanda, alterado pelo Conselho de Segurança, deliberando nos termos do Capítulo VII da Carta das Nações Unidas, Tribunal Penal Internacional para Julgar as Pessoas Responsáveis por Genocídio e Outras Violações Graves ao Direito Internacional Humanitário Cometidas no Território do Ruanda e os Cidadãos Ruandeses Responsáveis por Genocídio e Outras Violações Graves ao Direito Internacional Humanitário Cometidas no Território de Estados Vizinhos entre 1 de janeiro de 1994 e 31 de dezembro de 1994.
7. Estatuto do Tribunal Internacional para o julgamento das pessoas responsáveis por violações graves do direito internacional humanitário cometidas no território da ex-Jugoslávia desde 1991, U.N. Doc. S/25704-36, Anexo (1993) e S/25704/Add.1 (1993), adotado pelo Conselho de Segurança em 25 de maio de 1993, U.N. Doc. S/RES/827 (1993).

Resoluções da ONU :

1. Afirmação dos Princípios de Direito Internacional Reconhecidos pela Carta do Tribunal de Nuremberga, G.A. Res. 95 (I), U.N. GAOR, 1ª ed., Lisboa,

maio de 2008

Sess. pt. 2, p. 1144, U.N. Doc. A/236 (1946). em http://www1.umn.edu/humanrts/instree/1946a.htm em 19 de outubro de 2009.Acedido

2. O Conselho de Segurança remete a situação no Darfur (Sudão) para o Procurador do Tribunal Penal Internacional. Resolução 1593 de 2005 do Conselho de Segurança das Nações Unidas.

Decisões judiciais :

1. IMT, sentença de 1 de outubro de 1946 no julgamento dos principais criminosos de guerra alemães. Actas do Tribunal Militar Internacional reunido em Nuremberga, Alemanha, parte 22 (22(nd) de agosto de 1946 a 1((st)) de outubro de 1946).
2. Procurador v. Dusko Tadic, (IT-94-I), Decisão sobre a moção da defesa relativa à jurisdição (Câmara de Julgamento), (1995).

Relatórios

1. Um relatório independente de Tim Allen WAR AND JUSTICE IN NORTHERN UGANDA: AN ASSESSMENT OF THE INTERNATIONAL CRIMINAL COURT'S INTERVENTION fevereiro de 2005, P67 Acesso em 7 de maio de 2009 em < http://www.crisisstates.com/download/others/AllenICCReport.pdf>

2. Human Rights in Palestine and Other Occupied Arab Territories Report of the United Nations Fact-Finding Mission on the Gaza Conflict. (The Gold Stone Report) Acedido em 19 de outubro de 2009 no seguinte endereço: http://www2.ohchr.org/english/bodies/hrcouncil/specialsession/9/docs/UNFF MGC Report.pdf
3. Practice Note 1 of 2004 Adjournment and postponement of trials in the high

court of Justiciary (Nota Prática 1 de 2004 - Adiamento e adiamento de julgamentos no Supremo Tribunal de Justiça) emitida pelo Scottish Court (Tribunal Escocês). Acedido em 21

outubro de 2009 em http://www.scotcourts.QOv.uk/justiciary/practicenotes/pn01 2004.pdf

4. Comunicado de imprensa: "Membros das Nações Unidas" Retirado de http://www.un.org/News/Press/docs/2006/orQl469.doc.htm em 15 de outubro de 2009
5. Relatório da Comissão de Direito Internacional à Assembleia Geral *"Principles of international law recognized in the Charter of the Nuremberg Tribunal and in the Judgment of the Tribunal, with commentaries* 1950", Yearbook of International Law Acedido em 19 de outubro de 2009 no seguinte endereço *untreaty. un.org/ilc/texts/instruments/english/. ../7_ 1_ 1950.pdf -*
6. Relatório sobre a questão da jurisdição penal internacional de Emil Sandstrom, Relator Especial A/CN.4/20, disponível em http://untreaty.un.org/ilc/documentation/english/a_cn4_20.pdf.

Fontes secundárias :

Livros

1. Lee, RS (Ed) *The International Criminal Court: The Making of the Rome Statute-Issues, Negotiations, Results* Kluwer Law International: The Hague
2. McGoldrick, D. et al *The Permanent International Criminal Court- Legal and Policy Issues, (*2004) Hart Publishing: Oxford
3. Blerk, Adriane E van *Jurisprudence: An Introduction* (primeira edição revista) Durban: Butterworths

4. Bantekas, I. e Nash, S. *International Criminal Law* (3(rd) Ed) Nova Iorque: Routlegde-Cavendish

5. Bassiouni, M. C. The *Legislative History of the International Criminal Court; An Article by Article Evolution of the Statute,* Vol 2 Nova Iorque: Transnational Publishers
6. Cassese, A. *International Criminal Law* (2(nd) Ed), 2008, Oxford: Oxford University Press.
7. Fischer, H et al(eds) *International and National Prosecution of Crimes Under International Law-Current Developments* Berlim: BWV
8. Gray C.B. (ed) *The Philosophy of Law-An Encyclopaedia* (1999) Londres: Gerland Publishing.
9. Hughes, E. et al, *Atrocities and International Accountability- Beyond Transitional Justice Nova Iorque:* United Nations University Press
10. Lee, R. S. (ed) *The International Criminal Court-The Making of the Rome Statute-Issues, Negotiations, Results Haia*: Kluwer Law International
11. Magnarella, P.J. *Justice in Africa-Rwanda's Genocide, Its Courts, and the UN Criminal Tribunal* England: Ashgate
12. Roht-Arriaza, N. (ed) *Impunity and Human Rights in International Law and Practice* Oxford: Oxford University Press
13. Romano, C.P.R. et al (eds) *Internationalised Criminal Courts-Sierra Leone, East Timor, Kosovo, and Cambodia* Oxford: Oxford University Press
14. Sliedregt, E.van, *The Criminal Responsibility of Individuals for Violations of International Humanitarian* Law Haia: T.M.C Asser Press
15. Schabas, W. A. *An introduction to the International Criminal Court* (2(nd) ed) (2004) Londres: Cambridge University Press
16. Schabas, W. A. *An introduction to the International Criminal Court* (3rd ed) (2008) Londres: Cambridge University Press

17. Schabas, W. A. *The UN International Criminal Tribunals-The Former Yugoslavia, Rwanda and Sierra Leone Cambridge:* Cambridge University Press
18. Tomuschat, C. *Human Rights-Between Idealism and Realism* 2nd Ed. Oxford University Press : Oxford University Press : Oxford
19. Triffterer, O.(ed) *Commentary on the Rome Statute of the International Criminal Court - Observer's Notes, Article by Article,* 2((nd)) Ed. (1999), Oxford: Hart Publishing
20. Werle, G. *Principles of International Criminal Law* (2005) T.M.C Asser Press: Haia

Artigos

1. Os Acholi querem um papel mais proeminente para Mato Oput". Obtido em 19 de outubro de 2009, de http://www.ugpulse.com/articles/daily/Heritage.asp?about=Acholi+wants+a+more+prominent+role+for+Mato+Oput&ID=1025
2. Bassiouni, C, M "The ICC-Qua Vadis?" pp294-302 in *The International Criminal Court: Challenges to Achieving Justice and Accountability in the 21st Century,* Mark Ellis e Ritchard J Goldstone, (eds), 2008 Idebate Press : New York
3. Berman F, Senhor. The Relationship between the International Criminal Court and the Security Council" pp 274-280 in *The International Criminal Court: Challenges to Achieving Justice and Accountability in the 21st Century,* Mark Ellis and Ritchard J Goldstone, (eds), 2008 Idebate Press : New York
4. Cawstone, R. "Nuremberg and the Legacy of Law". Disponível em http://www.globalpolicy.org/intljustice/universal/2005/1121legacy.htm21 abril de 2009.

5. Ciampi, A 'The Proceedings Against President Al Bashir And The Prospects Of Their Suspension Under Article 16 ICC Statute' 6 J Int'l. Crim. Just 885

6. Clark, P. "Pode África confiar na justiça internacional? Obtido em 16 de outubro de 2009 em http://www.guardian.co.uk/commentisfree/2009/jul/16/charles-taylor-hague-icc

7. Corell, H. "EVALUATING THE ICC REGIME: THE LIKELY IMPACT ON STATES AND INTERNATIONAL LAW" Acedido em 29 de outubro de 2009 http://untreaty.un.org/OLA/media/info from lc/romestatute dec00.pdf

8. Edwards, S. "Del Ponte Says UN Caved to Rwandan Pressure". Acedido em 16 de outubro de 2009 em: http://www.globalpolicy.org/component/content/article/163/29047.html

9. Erlinder,P. A antiga Procuradora-Geral da ONU para o Ruanda, Carla Del Ponte, foi nomeada pelo Presidente Obama para o cargo de Procuradora-Geral para os Crimes de Guerra: Obama's War Crimes Nomination - Complicity in Covering Up War Crimes. Será que Obama sabe... ou se importa? Retirado de http://www.rwandadocumentsproject.net/gsdl/collect/comment/index/assoc/HASH0b58.dir/erlinder-obama-war-crimes-ambassador.pdf em 16 de outubro de 2009.

10. Ferencz B. B. "Tributo ao Procurador Jackson de Nuremberga" disponível.

11. Acedido em 19 de outubro de 2009.em http://www.roberthjackson.org/Man/Speeches Sobre Nuremberga Ferencz/

12. Fletcher, G, P. e Ohlin, J, D. 'The ICC-Two Courts in One? Journal of International Criminal Justice 4 (2006) 428-433

13. Fowale, T.J. "Al Bashir, Darfur e o mandado de captura do TPI: O presidente sudanês Omar Hassan Bashir desafia o mandado do TPI". Obtido em 19 de outubro de 2009, de http://international-politics.suite101.com/article.cfm/al_bashir_darfur_and_icc_arrest_warr ant

14. Fritz, N. 'When International Justice Is Feared as Colonisation by Law: *The a* Application of Global Legal Accountability is No Open and Shut Case' (Quando a justiça internacional é temida como colonização pela lei: aplicação da responsabilidade jurídica global não é um caso aberto e fechado).

15. <http://www.globalpolicy.org/intljustice/general/2008/0525opencase.htm25 de maio de 2008 Acedido em 21 de abril de 2009 >

16. Gollust D "US Hits UN Gaza Report for Excess Focus on Israel" acedido a 19 de outubro de 2009 em http://www.voanews.com/english/2009-09-19-voa2 .cfm

17. <from http://www.globalpolicy.org/intljustice/icc/2008/0722iccfiveyears.htmGlasius, M. 'What Is Global Justice and Who Is it for? The ICC's First Five Years' Retrieved on 21 April 2009 >

18. Jessberger, F. and Geneuss, J. 'On The Application Of A Theory Of Indirect Perpetration In Al Bashir : German Doctrine At The Hague?' 6 J Int'l. Crim. Just 853

19. Kamunde, N. 'A JURISPRUDENTIAL ANALYSIS OF LAW, MORALITY, AND GENOCIDE : O DIREITO NUMA SOCIEDADE PÓS GENOCÍDIO Estudo de caso: Ruanda" (1994). Disponível em *www.kenyalaw.org/Downloads_Other/A%20JURISPRUDENTIAL%20 ANALYSIS-NCLR%20_2.pdf <> Acedido em 10 de abril de 2009*

20. Katshung,J.Y. Mato Oput contra o Tribunal Penal Internacional (TPI) no Uganda".

21. Disponível no sítio Web das Vozes Pan-Africanas para a Liberdade e a Justiça -Pambazuka News,

http://www.pambazuka.org/en/category/comment/37403

22. Kirsche, P,J 'The Role of the International Criminal Court in Enforcing International Criminal Law' pp 285-293 in *The International Criminal Court: Challenges to Achieving Justice and Accountability in the 21st Century,* Mark Ellis and Ritchard J Goldstone, (eds), 2008 Idebate Press : New York

23. Phillipe, X, "Os princípios da jurisdição universal e da complementaridade: como é que estes princípios se interligam?" Consultado em 21 de outubro de 2009 em

24. http://journals.cambridge.org/action/displayFulltext?type=1&fid=557252&jid=IRC&volumeId=88&issueId=862&aid=557248

25. <Romano, C. P. R., "The Right Court to Judge Darfur Atrocities" *News and Observer* 3 de fevereiro de 2005, acedido em 21 de abril de 2009 http://www.globalpolicy.org/intljustice/universal/2005/0203darfuruniv.htm>

26. Sarooshi, D. 'The Peace and Justice Paradox: The International Criminal Court and the UN Security Council' pp 249-262 in *The International Criminal Court: Challenges to Achieving Justice and Accountability in the 21st Century,* Mark Ellis and Ritchard J Goldstone, eds, 2008 Idebate Press : New York

27. O Conselho de Segurança remete a situação em Darfur (Sudão) para o Procurador do Tribunal Penal Internacional", *comunicado de imprensa das Nações Unidas*, p. 263-273.

28. in The International Criminal Court: Challenges to Achieving Justice and Accountability in the 21st Century, Mark Ellis e Ritchard J Goldston, (eds), 2008 Idebate Press : New York

29. Strollo, P.J. 'League of Nations Time Line' Acedido em http://worldatwar.net/timeline/other/league18-46.htmlon a 7 de outubro de 2009.

30. Reação mundial: mandado de Bashir". Acedido em 19 de outubro de 2009 em

31. http://news.bbc.co.uk/2/hi/africa/7923797.stm

MIX
Papier aus verantwortungsvollen Quellen
Paper from responsible sources
FSC® C105338

Printed by Books on Demand GmbH, Norderstedt / Germany